All die kleinen Dinge

Naëmi Eggimann

Was wäre, wenn? Was wäre, wenn dir dieses Buch etwas geben kann, und sei es nur ein klitzekleiner Input für dein Leben? Vielleicht wird es nur ein Satz sein, bei dem du dir denkst, «Boah, ja genau!». Oft sind es solche Aha-Momente, die uns ein Stück auf unserem Weg weiterbringen. Ganz kleine Dinge, die auf den ersten Blick unscheinbar wirken, in unserem Innern aber ein Samenkorn setzen. Ich erzähle dir Geschichten, Erfahrungen und Gedanken aus meinem Leben. Sie handeln vom Abbiegen, Steckenbleiben, Umkehren, Ausprobieren und Weiterkommen - von all den kleinen Dingen des Seins und wie sie zum grossen Ganzen beitragen.

Verlag: BoD · Books on Demand GmbH,
Überseering 33, 22297 Hamburg, bod@bod.de
Druck: Libri Plureos GmbH, Friedensallee 273,
22763 Hamburg
ISBN: 978-3-7597-9486-4

Für alle - Vorwort

Gendergerechte Sprache erachte ich als wichtig und richtig. Wer bereits einmal eine Diplomarbeit, ein Buch oder Ähnliches geschrieben hat, weiss, wie herausfordernd es sein kann, ansprechende Texte in gendergerechter Sprache zu verfassen. In meinem Studium (Soziale Arbeit) wurde auf diese Thematik enorm viel Wert gelegt. Mein Fokus in diesem Buch liegt darin, meine Erfahrungen und Geschichten weiterzugeben. Die Texte sollen deshalb einfach und angenehm zu lesen sein. Es ist mir sehr wichtig, dass der Lesefluss nicht durch das zwanghafte Verwenden von gendergerechter Sprache ins Stocken gerät. Deshalb schreibe ich an einigen Stellen nur in der männlichen Form. Aus dem einfachen Grund, weil dies die Kürzeste zum Schreiben und Lesen ist. Angesprochen sind natürlich alle Menschen.

Warum dieses Buch

Warum nicht? Meine Lieblingsantwort auf «Warum»-Fragen. Denn im Ernst, warum eigentlich nicht? Ich habe dieses Buch geschrieben, weil ich schon als Kind ein Buch schreiben wollte. Nun habe ich es einfach getan. In erster Linie ist dieses Buch für mich, es ist ein Prozess, der mir Freude bereitet und für mich wichtig ist. Aber ich schreibe es natürlich auch für dich. Aus irgendeinem Grund hast du dich entschieden, dieses Buch zu lesen (zumindest bis hier). Ich glaube, dass ich durch meine Geschichten Menschen erreichen und zum Nachdenken anregen kann, vielleicht sogar zum Handeln. Und wenn es nur eine einzige Person ist, die ich damit erreiche, dann hat sich die Schreiberei für mich schon mehr als gelohnt.

Welchen Mehrwert vermittle ich dir? In diesem Buch sind meine Erfahrungen zu Themen wie Arbeit, Freiheit, Persönlichkeitsentwicklung, Sinnfindung und Wachstum festgehalten, meine Erlebnisse als ambivertierte (weder intro- noch extrovertierte) Person, die in einer immer schneller werdenden Welt ihren Weg sucht.

Nichts Neues, denkst du dir vielleicht. Und ja, du hast recht, ich bin nicht aussergewöhnlich und es gibt schon viele Bücher zu diesen Themen. Ich bin wie die meisten Menschen; nicht über Nacht berühmt geworden und generell nicht berühmt, ich lebe kein extravagantes Leben und habe Hochs und Tiefs. Warum also dieses Buch überhaupt lesen? Ach, was habe ich teilweise gezweifelt an diesem Buch. Ob ich es überhaupt schreiben soll. Was habe ich denn Grossartiges zu erzählen? Ich habe keine bahnbrechende Erfindung gemacht, bin nicht ausgewandert oder was weiss ich.

Und genau darum geht es.

Ich teile dir meine Geschichte als ganz normaler Mensch mit, um dir zu zeigen, was für Menschen wie dich und mich möglich ist. Ich bin ganz und gar normal, trotzdem habe ich ein Buch geschrieben. Denn ich finde, ich habe etwas zu erzählen. Eine ganze Menge sogar. Eine normale Geschichte muss nicht langweilig sein. Ob du's glaubst oder nicht, auch uns Normalos steht die Welt offen, doch die wenigsten Menschen ergreifen die Chancen, die oftmals vor ihren Füssen liegen. Die meisten sehen sie gar nicht. Ich möchte dir mit meinen Erfahrungen offenlegen, wie du solche Chancen wahrnehmen und für dich und dein Leben einsetzen kannst.

Ich zeige dir, dass die Wege genauso wichtig sind wie unsere Ziele. Wenn wir auf ein Ziel hinarbeiten, rauscht das Leben oft an uns vorbei und wir vergessen, die kleinen Dinge zu beachten und zu schätzen.

Ist doch ganz normal

Okay, hier sind wir nun. Was habe ich zu erzählen? Ich bin, wie gesagt, ein ziemlich normaler Mensch. Ich lebe in einer Wohnung, habe Arbeit und Hobbys, Freunde und Familie, also ein schönes, verhältnismässig durchschnittliches Leben.

Genau zu diesem Thema habe ich viele Gedanken, denn was heisst schon «normal»? Ist nicht für jeden etwas anderes normal? Wenn ich beispielsweise zehn Menschen frage, welches das normalste Essen auf der Welt ist, erhalte ich mit grosser Wahrscheinlichkeit zehn verschiedene Antworten. Dennoch verstehen die Allermeisten, wenn wir von Normalität sprechen, was gemeint ist. Weil wir innerhalb einer Kultur nunmal gewisse Normen haben, an denen wir uns orientieren. Es ist für uns normal, arbeiten zu gehen und Geld zu verdienen. Es ist normal, in einem Haus oder einer Wohnung zu leben und es ist ganz normal, eine Familie zu gründen und Kinder zu kriegen. Deshalb spreche auch ich von mir selbst als normaler Mensch. Ja, jede Person hat ihre Eigenheiten und ihre «Abnormalitäten». Manche kleiden sich äusserst originell, andere wohnen dauerhaft in einem Wohnwagen und wiederum andere haben zehn Hunde. Ich benutze den Begriff Abnormalität keineswegs mit abschätzender Haltung. Ich meine damit, dass Menschen mit einem gewissen Lebensstil eher einer Minderheit entsprechen (ich beziehe mich hier hauptsächlich auf die Schweiz). Anhand dieser Normen stufe ich mich als «normaler» Mensch ein, auch wenn ich sicher gewisse Dinge anders lebe und womöglich besondere Erfahrungen gemacht habe, die nicht viele Menschen erleben. Ich habe also durchaus auch meine Abnormalitäten. Damit bin ich aber ebenfalls nicht alleine. Wir haben alle eine Geschichte, jede davon ist besonders und einzigartig.

Ganz simpel und abgekürzt ist Normalität aus soziologischer Sicht das, was wir in einer Gesellschaft als Selbstverständlich ansehen und was keiner weiteren Erklärung mehr bedarf. Wenn wir von etwas Normalem sprechen, dann wissen also die meisten Menschen, worum es geht.

Verglichen mit allen Menschen dieser Welt, sind wir also alle ziemlich gleich. Wir werden geboren, tun Dinge, leben und schlussendlich sterben wir. Wir sind alle normal und trotzdem besonders.

Deshalb empfinde ich es als essenziell, dass wir uns genau so zeigen, wie wir sind und was wir können. Wir alle. Das ist gar nicht so einfach, denn es wird oft propagiert, ein «Gewinner» oder «anders» zu sein und aus der Masse herauszustechen, denn nur so könne man «erfolgreich» werden. Besonders in unserer westlichen Welt, in unserer leistungsorientierten Gesellschaft, hört man solche Worte häufig. Etwas Normales wird häufig als uninteressant abgestempelt. Wenn du dich nicht mit deinen Ellenbogen nach vorne kämpfst, bleibst du unbemerkt. Dies übt auf die meisten einen enormen Druck aus. Denn wie kann man in so einer Welt normal sein und trotzdem zeigen, dass man etwas auf dem Kasten hat? Viele Menschen verausgaben sich, verlieren die Orientierung oder werden im schlimmsten Fall krank, um einen gewissen Status zu erlangen, sei es im Beruf oder sonstwo. Auch ich habe genau diese Stadien erlebt. Stunden der Selbstzweifel und Selbstverachtung erlitten, weil ich nicht wusste, was ich im Leben will oder wohin ich mit mir soll. Ich verglich mich mit anderen, wollte auch etwas Besonderes sein und nichts Normales tun. Ich wusste aber nicht, was ich denn genau tun sollte, um nicht normal zu sein und setzte mich selber unter Druck.

Mittlerweile weiss ich: Man muss gar nicht das Einhorn sein, um einen «Gewinnerstatus» zu erlangen. Denn jetzt kommts, Trommelwirbel bitte: Es geht um den Wert, den du dir selbst zuschreibst. Logisch, denkst du dir vielleicht. Durchaus, trotzdem hat es bei mir Jahre gedauert, bis ich das wirklich gecheckt und innerlich verankern konnte. Wenn du dich selber als Gewinner siehst, bist du das auch. Das ist der massive und meiner Meinung nach allerwichtigste, allerwesentlichste Unterschied überhaupt. Wenn du die Bestätigung im Aussen suchst, wirst du ziemlich sicher immer wieder scheitern oder zumindest zurückgeworfen und fragst dich, warum du es nicht auf die Gewinnerliste schaffst. Ein Gewinner zu sein bedeutet nicht, dass man sich selbst für etwas Besseres halten sollte. Natürlich kann ein Koch mit Sicherheit besser kochen als ich. Ich kann hingegen womöglich besser schreiben. Das ist alles ganz normal, jeder hat seine Fähigkeiten und Talente. Wenn du in deinem inneren Kern weisst, dass du ein Gewinner bist und dir deines Potenzials bewusst bist, kann dir keiner mehr was. Das ist einer der Hauptgründe, weshalb ich dieses Buch geschrieben habe. Ich mag mich, ganzheitlich betrachtet, in der durchschnittlichen Masse bewegen, aber ich wusste, dass ich das kann. Und mache es – oder, im Sinne, dass du das hier jetzt liest – habs gemacht.

Normalität gibt Sicherheit. Ich wollte auch lange Zeit nichts Normales tun und hatte lieber Action. Denn normal ist ja langweilig. Was ich damit erreichte? Purer Stress. Überall und immer extravagant und anders zu sein, ist so unglaublich anstrengend. Als ich eines Tages – nach vielen, vielen Stunden und Gesprächen mit mir selbst – erkannte, dass ich zwar ein Mensch sein mag, der ein durchschnittliches Leben führt, aber für mein enges Umfeld und, am allerwichtigsten, für mich selbst jemand Besonderes bin, änderte sich sehr vieles in Bezug auf mein Denken, was ich in meinem Leben tun und wie ich mein Leben leben will. Ich wiederhole mich: Es kommt auf den Wert an, den wir uns selbst zuschreiben, ohne uns für etwas Besonderes oder Besseres halten zu müssen.

Es geht um den Sinn, den wir uns selber und unserem Leben geben.

«Aus kleinem Anfang
entspringen alle Dinge.»

Marcus Tullius Cicero

Aller Anfang

Wenn ich eine Packung Chips aufmache, verliere ich jede Selbstbeherrschung. Wer kann schon dem betörenden Duft dieser knusprig-salzigen Kartoffelscheiben wiederstehen? Ich jedenfalls nicht. Genauso wenig kann ich mir nach einer handvoll Chips einreden, dass es nun reicht. Ha! Da komme ich erst richtig in Fahrt. Ich kann locker eine Tüte allein essen, auch wenn ich mich dann jedes Mal nach so einer Aktion frage, ob das nun wirklich nötig war. Du kennst ihn bestimmt auch, diesen netten, inneren Schweinehund.

Oft ist es genau umgekehrt, wenn wir etwas anfangen wollen. Du hast eine Vision von etwas, dass du erschaffen willst; nehmen wir an, du hast eine Geschäftsidee und willst zum Beispiel eine bunte Regenjackenkollektion für Kinder entwerfen. In deinem Kopf hast du dir vielleicht schon einen ganzen Plan ausgemalt und weisst, was zu tun wäre. Dann geht es darum, den ersten Schritt zu machen und deinen Plan in die Tat umzusetzen. Und hier geht es meistens los: Wir beginnen, uns Fragen zu stellen wie «Kann ich das überhaupt? Was ist, wenn kein Mensch meine Jacken kaufen will? Kann ich mir das überhaupt leisten?» Dann fangen wir an zu zweifeln und suchen nach Ausreden, warum wir es lieber bleiben lassen sollten, wie etwa «Das gibt es schon» oder «Ich habe eigentlich gar keine Zeit dafür.» Obwohl unser Herz gerne den ersten Schritt wagen möchte, kommt unser Verstand daher und präsentiert uns eine Liste mit Gründen, warum unser Plan nicht klappen wird. Ich will nicht sagen, dass man seine Vorhaben nicht hinterfragen sollte. Es ist gut, sich vorzubereiten und Möglichkeiten zu überdenken. Aber so oft scheitern tolle Ideen nur daran, dass wir aufgrund von Zweifeln nicht einmal den ersten Schritt wagen. Und das ist nicht nur bei grossen Projekten wie einer neuen Geschäftsidee der Fall, sondern es fängt häufig bei den kleinen Dingen im Alltag an. Das sehe ich auch regelmässig bei meiner Arbeit mit den Kindern. Einmal sass ein fünfjähriger Junge neben mir und versuchte, einen Knoten aus einem Seil zu kriegen, schaffte es aber nach einer halben Minute immer noch nicht und streckte mir das Seil hin. «Ich kann das nicht.» Ich gab ihm das Seil zurück. «Versuch es nochmal.» Er versuchte es. Es klappte nicht. Er wurde ungeduldig und drückte mir das Seil wieder in die Hand. «Es geht nicht!», rief er. Ich löste den Knoten ein wenig und gab ihm das Seil noch einmal. Nach einigen Versuchen konnte er den Knoten ganz lösen. Er hielt mir lächelnd und mit stolzem Gesicht das Seil vor die Nase. «Siehst du, jetzt hast du es doch geschafft», sagte ich ihm.

Natürlich spielt gerade bei Kindern noch die Entwicklung mit und die Dinge, die für Erwachsene alltäglich oder einfach sind - wie einen Knoten zu lösen - erledigen wir ohne grosse Mühe. Aber genau solche Kleinigkeiten mussten wir auch lernen, wir haben es bloss vergessen, weil ein simpler Knoten kein Hindernis mehr ist. Wir limitieren uns oft so schnell. Ja, es gibt Dinge, die schwierig sind und nicht auf Anhieb funktionieren. Manchmal muss man dreimal, viermal, siebenmal Anlauf nehmen und manchmal brauchen wir auch Hilfe von anderen. Was glaubst du, habe ich mir beim Schreiben dieses Buches zigmal gedacht? «Fuck, ich kann doch nicht einfach ein Buch schreiben» oder «Scheisse, liest doch wahrscheinlich kein Mensch». Und doch habe ich genug an mich geglaubt, dass ich es doch schaffe und vor allem, dass ich es einfach mache. Egal, was kommt. Ich hatte die Idee und eines Tages dachte ich mir «Darüber könnte ich ja ein Buch schreiben» - Well, here I am. Ich wollte es so sehr und dieser Wille hat dazu geführt, dass ich den ersten, dann den zweiten, dann den dritten Schritt gemacht habe. Und das fühlt sich so unglaublich gut an! Ob du nun eine treibende Kraft brauchst oder ein bestimmtes Verhalten ablegen willst - in beiden Fällen gilt es, den inneren Schweinehund zu überlisten. Der Weg des geringsten Widerstands ist verlockend. Aber was hast du schlussendlich davon? Dieser Weg hinterlässt nicht selten ein dumpfes Gefühl. Wenn du deine Idee nicht umsetzt, hast du zwar keinen Aufwand, kannst aber die Frage «Was wäre, wenn…» nie beantworten, wenn du nicht zumindest anfängst und den ersten Schritt wagst.

Übernimm die Verantwortung für deine Gedanken. Stelle dich dem Schweinehund und probiere es aus. Schritt für Schritt.

Erwachsenwerden

Ich war auch auf ziemlich normalem Weg, als ich mich wie meine Klassenkameraden mit dem Thema Beruf befasste. Bereits in der 8. Klasse begannen wir mit der Berufswahl. Ich hatte damals noch grosse Träume, wollte Tierärztin oder Schauspielerin werden. Diese Träume wurden schnell auf den Boden der Tatsachen geholt: Ich war Realschülerin, schlecht in Mathe und hätte einen steilen und langen Weg gehen müssen, um tatsächlich Tierärztin zu werden und mit der Schauspielerei würde ich meinen Lebensunterhalt eh nicht verdienen können. In der Realschule gab es eigentlich nur einen «vernünftigen» Weg, nämlich eine Lehre zu machen. Ironischerweise entschied ich mich schlussendlich für die kaufmännische Lehre. Ich, die es hasste, lange zu sitzen und Papierkram zu erledigen. Ich kann bis heute nicht genau sagen, warum ich mich so entschieden habe. Ich war überfordert, konnte mich nicht für einen Beruf entscheiden und hörte auf «die Anderen». Das KV sei eine gute Grundbildung, mit der ich später einen guten Job finden würde. Gut bezahlt und sicher. Ich war zu jung, um es besser zu wissen.

Die ersten zwei Lehrjahre waren der Horror. In den ersten paar Wochen deckte ich die Zeitanzeige unten rechts an meinem PC mit einem Post-it ab, damit ich nicht jede

Minute auf die Uhr schaute und hoffte, dass bald Feierabend wäre. So schlimm war es für mich. Es klingt übertrieben, aber für mich war es echt keine angenehme Zeit. Ich habe mir damals sogar einen Wandkalender gebastelt, damit ich jeden Tag ein Kreuz machen konnte, wenn wieder ein Arbeitstag vorbei war. Ich hatte keinen guten Start ins Berufsleben. Was mir damals wirklich Angst machte, war die lange Zeit, die als Berufstätige noch vor mir lag. Ich war erst sechzehn, musste also noch fast fünfzig Jahre lang arbeiten (ja, das habe ich damals schon ausgerechnet). Das konnte unmöglich so weitergehen.

Im Jahr 2016 kam ich durch einen Bekannten aus der Grundschule zum ersten Mal in Berührung mit Networkmarketing. Es faszinierte mich, wie man durch das Vernetzen mit anderen Menschen seinen Lebensunterhalt verdienen und sich gleichzeitig tiefer mit seiner Gesundheit auseinandersetzen kann. Du denkst jetzt womöglich: «Ach, war sie auch ein Opfer eines solchen Schneeballsystems». Nun, auch hier meine Lieblingsfrage an dich: Hast du es selber ausprobiert? Die meisten Menschen übernehmen eine Meinung über ein Thema, das sie nicht kennen oder mit dem sie sich wenig bis gar nicht befasst haben, von anderen. Oder sie googeln im Internet (und lesen damit auch wieder Meinungen von anderen). Übrigens ist das sogenannte Schneeballsystem in praktisch jedem Unternehmen vorzufinden. Die, die ganz oben sitzen, verdienen am meisten, und zwar dank denen, die weiter unten schuften. Hier scheiden sich die Meinungen drastisch, ich kann es teilweise auch verstehen.

Jedenfalls lernte ich in meiner Networkmarketing-Zeit viele Menschen mit der gleichen Vision wie ich kennen; der Vision eines freieren Lebens. Es waren Menschen, die sich nicht mit einem 9 to 5 Job (in der Schweiz wohl eher 7:30 to 5) zufrieden gaben und mehr vom Leben wollten. Menschen, die nicht sagten, «so ist es halt». Es ging mir primär gar nicht darum, schnell (erfolg)reich zu werden. Was mich beeindruckte, war die Möglichkeit, zu arbeiten und trotzdem viel Freizeit zu haben. Genau das wollte ich schon immer: Viel Zeit für mich, meine Entwicklung, meine Hobbys, meine Familie und Freunde. Nicht jeden Tag arbeiten, sich das Wochenende herbeisehnen und nur fünf Wochen Ferien im Jahr zu haben. Davor grauste mir schon in der 8. Klasse, als es hiess, es wäre Zeit, sich mit der Berufswahl auseinanderzusetzen. Das war wahrscheinlich auch der Grund, warum ich mich nicht für einen Beruf entscheiden konnte. Ob ich jetzt die kaufmännische Lehre wählte oder Gärtnerin geworden wäre, ich hätte mich den zeitlichen Vorgaben - also dem 7:30 to 5 und fünf Wochen Ferien im Jahr - beugen müssen. Tja, so ist es halt, nicht wahr?

Deswegen bin ich nicht beim Networkmarketing geblieben. Ich war damals noch ziemlich unsicher und mir fehlte es an Selbstbewusstsein. Der regelmässige Austausch mit anderen und das Weitergeben eines Businessmodells fand ich zwar toll, aber auch ziemlich anstrengend und ich hatte das Gefühl, ich bin dafür nicht geeignet. Ich hatte damals noch kein so prickelndes Selbstbild von mir. Das ist natürlich in so einer Branche, in der Kommunikation alles ist, ausschlaggebend. Zudem hatte ich frisch mit dem Studium Soziale Arbeit begonnen und wollte mich darauf konzentrieren, weil es für mich die Gelegenheit war, endlich aus dem öden Büroalltag zu entkommen und etwas mit Menschen zu machen. Dennoch finde ich Networkmarketing eine geniale Möglichkeit, sich ein freies Leben zu erschaffen. Ich war viel im Austausch mit den Menschen, die damit arbeiten, und sah mit eigenen Augen, was für Leben sie führen. Ich bin dieser Zeit sehr dankbar, weil sie mir die Tür öffnete, meinem Wunsch nach einem freieren Leben trotz Studium und kritischen Blicken von anderen nachzugehen und ich begann, mich tiefer mit den wichtigen Fragen des Lebens auseinanderzusetzen. Es zeigte mir, wie bedeutsam ein gutes Selbstbild ist. Ich vermute, dass viele der Menschen, die Networkmarketing verurteilen, wohl neidisch sind. Wer will schon kein gesundes, freies und finanziell unbesorgtes Leben führen? Es ist nichts weiter als ein Businessmodell für Menschen, die gerne unabhängiger sind. Deswegen sage ich noch lange nicht, dass ein regelmässiger Job mit fünf Wochen Ferien im Jahr etwas Schlechtes ist. Manche mögen diese Routine und haben eine Arbeit, die sie auf diese Weise erfüllt. Das ist wunderbar und ich gönne es wirklich allen, die ihre Berufung auf diese Weise finden. Aber ich glaube dennoch, dass es viele Menschen gibt, die in einem Job festgefahren sind, weil sich das gerade so ergeben hat oder weil es sicher und bequem ist - wie bei mir damals. Und wenn die meisten dieser Menschen ehrlicher zu sich selber wären, wünschen sie sich früher oder später mehr vom Leben als eine sichere und wiederkehrende Arbeit. Glaub mir, ich weiss aus eigener Erfahrung, wie schwer es ist, sich in diesem unendlichen Universum an Möglichkeiten, die uns heute zur Verfügung stehen, zurechtzufinden. Es gibt tausende von Optionen, wie du deinen Lebensunterhalt verdienen kannst. Mich hat das jedenfalls total verunsichert. Aber irgendwann kommt die Frage nach dem Sinn in dem, was du tust. Und diese Frage ist eigentlich ausschlaggebend, um zu entscheiden, was du in deinem Leben tun willst.

«Wenn du denkst,
Abenteuer sind gefährlich,
dann versuchs doch mal
mit Routine.
Die ist tödlich.»

Paulo Coelho

Die goldene Mitte

Nach meinem Studium war für mich endgültig klar, dass ich so schnell wie möglich selbständig werden wollte. Ich hatte keine Ahnung, wo ich mich anstellen lassen wollte und hatte auch überhaupt keine Lust, wieder ins 9 to 5 zurückzukehren. Ein halbes Jahr vor meinem Abschluss bekam ich eine Stelle angeboten bei der Firma, bei der ich mein letztes Praktikum absolviert hatte. Es war ein gutes Angebot, und da ich erst in den Anfängen meiner Selbständigkeit und noch auf ein regelmässiges Einkommen angewiesen war, nahm ich den Job an. Ich schwor mir, dass ich nur solange dort arbeiten würde, bis ich genug Geld zusammen hatte, um nach der Kündigung ein paar Monate davon leben und währenddessen mein eigenes Business aufbauen zu können. Das tat ich dann auch. Feierlich und voller Zuversicht verliess ich an meinem letzten Arbeitstag die Firma und sagte mir, «jetzt lege ich richtig los.»

Im ersten Monat meiner Selbständigkeit bewarb ich mich bei einer Band als Social Media Managerin und bekam prompt den Job. Ich war überglücklich und fühlte mich frei. Meine Website war aufgebaut und ich war bereit für dieses neue Kapitel. Im nächsten Monat bewarb ich mich bei einem Verein und bekam auch diesen Job. Da ich nun zwei Verträge hatte, war ich in dem Sinne nicht wirklich selbständig, aber ich konnte dennoch fast immer dann und dort arbeiten, wo ich wollte, da ich für die Arbeiten nur meinen Computer benötigte. Und das war für mich das Wichtigste: Freiheit.

Im Frühling desselben Jahres löste sich der dreimonatige Vertrag mit der Band wieder auf, da der Bedarf an meiner Arbeit nicht mehr vorhanden war. Ich hatte zwar noch meine andere Stelle beim Verein, das reichte mir aber finanziell nicht. Ich merkte, dass ich viel Zeit investieren musste, um Kunden zu gewinnen, aber irgendwie fehlte mir auf einmal die Energie. Ich bekam rasch zu spüren, wie viel Selbstinitiative diese Art von Selbständigkeit erfoderte. Nach den ersten Monaten waren mein Feuer und meine Motivation gedämpft. Ich kümmerte mich nicht mehr wirklich um Aufträge und überliess alles dem Zufall.

In diesem Jahr war ich zudem sehr oft krank. Ich hatte zum zweiten Mal Corona, was mich wesentlich schlimmer erwischte als beim ersten Mal. Im Sommer hatte ich eine heftige Grippe mit schlimmem Husten. Hinzu kamen starke Rückenschmerzen, die ich nicht mehr loswurde. Ich war sehr oft müde und schlapp. Neben der Arbeit für den Verein tat sich nicht mehr viel. Ich schob alles auf die lange Bank, im Vertrauen darauf, dass ich irgendwie schon noch an Kunden käme.

Diese Illusion machte sich schnell bemerkbar. Der Sommer neigte sich dem Ende zu und zugleich auch das Geld auf meinem Konto. Irgendwann war ich pleite und wusste nicht mehr, wie ich die Miete zahlen sollte. Ich begann, wieder Promotionen (Affenkostüm- und Degustations-Jobs) anzunehmen und hielt mich damit über Wasser. Doch auch das reichte irgendwann nicht mehr, um alle Rechnungen bezahlen zu können.

Zum ersten Mal in meinem Leben hatte ich Schulden. Ich war gezwungen, meinen geliebten Van zu verkaufen und mir eine Festanstellung zu suchen. Ich bewarb mich als Mutterschaftsvertretung bei einer Tagesschule und wurde eingestellt. Obwohl ich wusste, dass diese Stelle befristet war und ich es danach mit der Selbständigkeit nochmals versuchen konnte, war ich wahnsinnig frustriert.

In meinen Augen war ich gescheitert.

Da war ich wieder: Angestellt in einem 9 to 5 Job. Ich hatte mir selbst gegenüber versagt. Die ersten Wochen waren ziemlich schwer. Auch wenn ich mir nach aussen nicht viel anmerken liess, kämpfte ich innerlich stark mit meinen Gefühlen des Versagens.

Am Ende des Jahres wurde ich nochmals richtig krank. Ich behaupte, dass ich noch nie so eine schlimme Grippe erlebte wie in diesem Winter. Das alte Jahr beendete ich, wie ich das neue Jahr begann: Im Bett. Auch die Rückenschmerzen waren immer noch da und ich wusste, dass es so nicht weitergehen konnte.

Das klingt jetzt alles erstmal ziemlich schlimm. Aber es ging mir nicht nur schlecht. Ich lernte in dieser Zeit auch meine Partnerin kennen und hatte auch sonst viele schöne Erlebnisse in diesem Jahr. Ich bin sowieso jemand, der so gut wie nie sagt, «alles ist scheisse». Weil das einfach nicht so ist, jedenfalls nicht bei mir. Doch durch das viele Kranksein, meine anhaltenden Rückenschmerzen sowie meine «misslungene» Selbständigkeit, wusste ich, dass ich etwas ändern musste.

Ja, ich bin ziemlich auf die Schnauze gefallen. Aber genau dadurch merkte ich erst, worauf es für mich ankam. In der neuen Festanstellung war ich zwar nicht wirklich glücklich, aber ich lernte auch, dass ich mit meiner Einstellung viel ändern kann. Wenn ich jeden Tag mit schlechter Laune zur Arbeit ging, machte das überhaupt rein gar nichts besser. Ich versuchte, mich mit der Situation anzufreunden und die positiven Seiten der Arbeit in den Vordergrund zu stellen. Mir wurde bewusst, dass ich einen besseren Plan brauchte. Die Entscheidung, selbständig zu sein, reichte allein nicht. Ich musste mir folgende Fragen stellen:
Bin ich bereit, am Anfang viel Arbeit zu investieren?
Bin ich bereit, mit wenig Geld auszukommen, bis ich genug Aufträge habe?
Wie ist mein Plan B, falls es nicht klappt?

In meinem Herzen spürte ich, dass sich der Weg der Selbständigkeit immer noch richtig anfühlte. Ich konnte mir einfach nicht vorstellen, festangestellt zu bleiben. Aber ich wusste auch, dass es keine Schande war, einen fixen Job zu haben, ich musste es nur richtig angehen. Nach der Mutterschaftsvertretung in der Tagesschule blieb ich zu einem kleinen Pensum angestellt. So hatte ich ein regelmässiges, wenn auch kleines Einkommen, konnte aber nebenbei wieder an meiner Selbständigkeit arbeiten. Ich erschaffte mir eine goldene Mitte.

Ich bin ehrlich, ich habe noch viel vor mir. Ich arbeite zwar heute so, wie ich es mag - flexibel und so frei wie noch nie in meinem Berufsleben - aber es macht mich aktuell weder reich genug, um so zu leben, wie ich es mir wünsche, noch habe ich meinen Platz so richtig gefunden. Trotzdem weiss ich, dass ich auf dem richtigen Weg bin. Meine Arbeit macht mir meistens Spass und ich habe viel Zeit für mich. Ich bin dankbar für dieses Privileg, so arbeiten zu können. Ich weiss, wie es in anderen Ländern zu und her geht, da kannst du dir deine Arbeit nicht eben mal aussuchen. Schon nur deshalb ist es für mich klar, dass ich diesen Weg weitergehe. Ich habe so viele Möglichkeiten, um ein selbstbestimmtes und freies Leben zu führen, und die lasse ich mir nicht entgehen.

Selbständig zu werden war für mich also alles andere als einfach. Ich machte laufend Fehler und fiel am Anfang ständig auf die Schnauze. Bei einem meiner ersten Versuche über eine Freelancer-Plattform wurde ich gleich fies abgezockt. Die Anmeldung als Einzelfirma ging in die Hose, und ich musste endlos viel Papierkram erledigen, der schlussendlich zu nichts führte. Ich erhielt für gewisse Aufträge mickrige Löhne, worüber ich heute nur noch den Kopf schütteln kann. Das waren meine erste Berührungen mit der Selbständigkeit. Die Schwierigkeit als Ein-Frau-Firma ist: Du machst ausnahmslos alles allein. Niemand zeigt dir, wie es geht.

Trotzdem würde ich nichts davon rückgängig machen wollen. Der ganze Prozess, die Fehler und die Zweifel haben mich an den Punkt gebracht, an dem ich heute stehe. Ich bereue den Schritt in die Teil-Selbständigkeit nicht.

Weisst du, was seit Jahren auf Platz eins der Dinge steht, die im Sterben liegende Menschen am meisten bereuen? Sie wünschten sich, sie hätten den Mut gehabt, ihr eigenes Leben zu leben. Ich denke, das sagt alles.

Alles zu (m)einer Zeit

Es gibt Dinge, welche die meisten Menschen zumindest einmal in ihrem Leben erfahren.

Zum Beispiel Sex.

Mein erstes Mal hatte ich mit zweiundzwanzig. Die meisten Teenager heutzutage würden mich wahrscheinlich mit grossen Augen ansehen, wenn sie das hier lesen würden. Während andere in meinem Umfeld bereits mit vierzehn ihre Jungfräulichkeit verloren, machte ich diese Erfahrung erst acht Jahre später. Und ich will ehrlich sein: Wirklich stolz bin ich auf diesen Tag X nicht. Ich habe das damals tatsächlich nur gemacht, weil ich dachte, ich müsste es endlich auch tun. Alle meine Freundinnen hatten schon Sex, nur ich nicht. Nach einer Party landete ich bei einem Typen, liess mich innerhalb von etwa zwei Minuten entjungfern und ging früh am nächsten Morgen verwirrt nach Hause. Das sollte es sein? Darüber machen alle ein grosses Trara? Ich konnte es überhaupt nicht verstehen. Trotzdem kann ich nicht sagen, dass ich diese Erfahrung bereue. Sie hat mir nämlich die erste Tür geöffnet. Ja, diese eine Nacht war nicht sonderlich berauschend (abgesehen vom Alkohol). Aber ich war dennoch neugierig. Ich wollte es erneut ausprobieren, mit anderen Menschen. Als ich das erste Mal mit einem Menschen schlief, den ich sehr mochte, verstand ich allmählich die Schönheit dieser Intimität. Was sich vorher auf einer rein körperlichen und lustgesteuerten Ebene abspielte, vermischte sich nun mit emotionaler Beteiligung. Durch diese Erfahrung klärten sich auch die verwirrenden Gefühle bezüglich meiner sexuellen Orientierung. Ich erkannte, dass ich mich sowohl von Männern als auch von Frauen angezogen fühle. Es war der Beginn einer sehr aufschlussreichen Reise für mich und heute spielt es absolut keine Rolle mehr, dass diese Reise «erst» mit zweiundzwanzig so richtig begann.

Auch was meine berufliche Laufbahn betrifft, war ich nicht die Schnellste. In der Schule sass ich oft am Fenster und träumte vor mich hin. Es war nicht so, dass ich im Unterricht nicht mithalten konnte, mir bereitete mehr die Art des Unterrichts Mühe. Vieles wurde abstrakt und theoretisch vermittelt, mir fehlte die Kreativität im Lernen. Nach meiner hauptsächlich unkreativen, kaufmännischen Lehre absolvierte ich die Berufsmatur mit dem Gedanken, anschliessend studieren zu können. Ich konnte mich jedoch für kein Studium entscheiden und verbrachte zwei weitere Jahre im Büroalltag. Als ich die Nase voll hatte, ging ich für ein paar Monate ins Ausland. Zurück zu Hause, war ich immer noch relativ planlos, bewarb mich aber für ein Praktikum an einer heilpädagogischen Schule. Anschliessend meldete ich mich für das Studium der Sozialen Arbeit an, schaffte die Aufnahmeprüfung und begann die Ausbildung. Es geht bestimmt vielen so. Mit der heutigen Auswahl an Berufen,

Studiengängen und Weiterbildungen ist es nicht einfach, sich zu entscheiden. Trotzdem fühlte es sich für mich oft so an, als würde ich hinterher hinken. Mir schien, als wüssten alle anderen genau, wohin sie gehen und was sie als nächstes tun wollen. Obwohl ich meine Ausbildungen alle erfolgreich abgeschlossen hatte, wusste ich am Schluss nicht wirklich, was mein nächster Schritt sein sollte.

Rückblickend war ich in einigen Bereichen die, die Dinge später erlebte als meine Mitmenschen. In der Schule war ich die Letzte, die Busen und ihre Tage bekam. Im Freundeskreis hatten alle schon Liebesbeziehungen erlebt, nur ich nicht. Ich wusste nicht, was ich beruflich machen wollte. Einige Selbstzweifel aus meiner Kindheit trug ich bis Ende zwanzig mit mir rum.

Natürlich weiss ich heute, dass viele Menschen sicher ähnliche Situationen durchmachen oder erlebt haben wie ich. Da jedoch die Mehrheit in meinem Umfeld diese prägenden Erlebnisse früher machte als ich, war ich damals sehr unsicher und geriet unter Druck. Ich wollte mithalten können.

Heute bin ich sogar froh, gewisse Erfahrungen erst später gemacht zu haben. Denn so viele rasen durchs Leben, stressen sich durch ein Studium, arbeiten sich halb kaputt für einen Doktortitel - und dann? Sie wissen nicht wie weiter und sind erschöpft an einem Punkt angelangt. Das erkannte ich, als ich in meinem zweiten Praktikum als Sozialarbeiterin viel mit Burnout-Patienten zu tun hatte - und glaub mir, ein Burnout willst du nicht erleben. Die meisten dieser Menschen hatten eine ähnliche Geschichte: Sie arbeiteten hart und viel, gönnten sich selten bis nie eine Pause und nahmen sich keine Zeit, um darüber nachzudenken, was sie selber im Leben wirklich wollen.

Ich bin der Meinung, dass es kaum etwas gibt, für das es zu spät ist. Ja, wenn du auf dem Sterbebett liegst und Dinge bereust, die du nicht getan hast, dann ist es tatsächlich zu spät. Aber ganz egal, wann du mit etwas anfängst, es muss für dich stimmen. Ob du mit fünfzehn oder fünfzig dein erstes Mal hast, ob du mit dreissig oder sechzig deine Berufung findest, spielt absolut keine Rolle. Hauptsache, du bist glücklich damit.

Nimm dir die Zeit, die du für gewisse Dinge brauchst, auch wenn es sich anfühlt, als ob alle um dich herum es schon erlebt haben. Es geht um dich, nicht um die anderen. Alles zu deiner Zeit.

«Viele von uns tragen eine Maske um nicht verletzt zu werden, aber gerade dadurch machen wir uns verletzlich.»

Rose von der Au

Maskenball

Früher wollte ich eine Zeit lang unbedingt Schauspielerin werden (manchmal wäre ich es heute noch gerne). Ich war im Theaterclub und mit sechzehn hatte ich die Gelegenheit, in einem Schweizer Kinofilm eine grössere Rolle zu spielen. Das war eine unglaubliche Erfahrung für mich. In der Schauspielerei ist man nicht sich selbst. Man verkörpert eine gewisse Figur, schlüpft in eine fiktive Rolle. Man kann eine Maske aufsetzen und sich austoben, sein Aussehen verändern, mit Charakterzügen spielen und sich manchmal auch völlig daneben benehmen. Ich liebe das.

Im echten Leben mag ich keine Masken. Warum? Weil wir eben nicht jemand anderes sind. Ich sage nicht, man soll nicht ausprobieren und herausfinden, wer man ist, im Gegenteil. Genau das rate ich sogar jedem. Finde heraus, wer du bist, finde deinen Stil! Spiel dir aber nicht etwas vor das du nicht bist. Erstens macht es dich nicht glücklich, zweitens fliegt es sehr wahrscheinlich irgendwann auf. Ich habe ziemlich lange versucht, eine Person zu sein, die ich nicht wirklich bin. Oft war es mir in den Momenten nicht einmal bewusst. Manchmal war ich am Ende eines Tages fix und fertig, weil mich dieses unbewusste Schauspielern total müde machte.

Es gibt Tage, an denen fühle ich mich schön. An anderen nicht. Ich fühle mich grundsätzlich gut in meinem Körper und wenn ich in den Spiegel schaue, bin ich zufrieden. Das war vor ein paar Jahren noch anders. Ich fand mich zwar nie hässlich oder hatte schwerwiegende Probleme mit meinem Aussehen, aber ich war unsicher und verglich mich sehr oft mit anderen. Heute kann ich sagen, dass ich diese Gedanken zum Glück nur noch selten habe.

Jedoch ertappte ich mich vor ein paar Tagen dabei, wie ich mir vorstellte, wieder mal ein attraktives Selfie von mir zu machen, vielleicht eines, auf dem ich mich sogar ein bisschen sexy fühle - und ich rede hier nicht von Nacktfotos. Wer will sich nicht ab und zu mal sexy fühlen? Aber allein beim Gedanken daran fühlte ich mich plötzlich unwohl. Dann fragte ich mich, weshalb bereits die Vorstellung eines solchen Fotos von mir diese Gefühle aufkommen lässt. Tatsächlich liess mich das Thema ein paar Tage nicht los, bis ich den Grund dafür herausfand: Ich finde mich auf Fotos oft einfach nicht sinnlich. Es geht nicht darum, dass ich mich nicht schön finde - in diesem Kontext geht es um Sinnlichkeit. Wahrscheinlich hing es auch damit zusammen, dass ich in letzter Zeit immer mal wieder Fotos von Freundinnen auf Instagram gesehen habe, auf denen sie in eher sinnlichen Posen posierten. Jep, da haben wir die Beeinflussung von Social Media. Ich ertappte mich auch bei Gedanken wie: «Immer diese posierten Fotos, das sieht so unnatürlich aus.» Ich bin tatsächlich nicht so ein Fan von gestellten Bildern, auf denen sich Menschen in eine gewisse Pose werfen. Ich mag lieber natürliche Schnappschüsse oder lustige Momentaufnahmen. Filter, Schminke und das sich-zur-Schau-stellen sind, abseits von der Theaterbühne, nicht so mein Ding. Ich denke, gerade bei diesem Thema ist es oft eine Gratwanderung, weshalb wir uns so zeigen (oder eben nicht). Aus welchem Grund macht eine Person ein sexy Selfie von sich? Weil sie sich tatsächlich wohl fühlt in ihrer Haut? Oder weil sie sich eben nicht so attraktiv findet, sich das aber nicht anmerken lassen möchte und hofft, sich eines Tages so zu fühlen? Und aus welchem Grund macht eine andere Person keine solchen Fotos? Weil sie diese nicht ästhetisch findet? Oder weil sie sich selber nicht schön findet und Menschen, die solche Fotos machen, eigentlich beneidet?

Ich habe gemerkt, dass es bei mir beides ist. Wenn ich ein Foto von jemandem sehe, der eine Tonne Schminke im Gesicht hat, Markenklamotten und fetten Schmuck trägt und wie ein Weltmeister posiert, finde ich das weder schön noch cool oder bewundernswert. Ich frage mich dann nur: «Warum versteckst du dich hinter all dem?» Wenn ich hingegen ein natürliches Foto einer Person sehe, deren Aussehen und vor allem deren Ausstrahlung mir gefällt, kann ich schon mal Neid verspüren. Aber was sagt ein Foto schon aus? Man kann sehr viel in ein Bild hineininterpretieren. Wir kennen schlussendlich die Geschichte des Menschen, der dahintersteckt, nicht.

Zum grössten Teil kann ich heute sagen, dass ich weiss, wer ich bin und vor allem wie ich bin. Darüber bin ich sehr froh, es macht das Leben viel entspannter. Aber wie jeder andere Mensch habe auch ich Momente, in denen ich Zweifel habe.

Ich habe gelernt, es zumindest weniger zu tun, das mit dem Vergleichen. Aber ich bezweifle, dies eines Tages ganz lassen zu können. Menschen sind soziale Wesen, die sich mit anderen austauschen und aneinander orientieren. Da kann es meiner Meinung nach immer wieder passieren, dass man sich vergleicht. Dies kann auch positiv sein. Wenn wir an einem Menschen eine Eigenschaft bewundern, kann es uns motivieren, an uns zu arbeiten. Oft zielen Vergleiche aber darauf ab, anderen Menschen gefallen zu wollen. «Diese Person macht es besser als ich, also will ich auch so sein.» Warum wollen wir anderen Menschen gefallen? Was ist das Ziel dahinter? Wollen wir uns damit Liebe erkaufen? Damit belügen wir uns meistens nur selber.

Manchmal ist es befreiend, sich auf einem Maskenball hinter einem Kostüm verstecken zu können. Einen Abend lang nicht sich selbst zu sein, kann Spass machen. Aber im echten Leben sein wahres Wesen zu verbergen oder gar eine zweite Identität zu haben, bedeutet meistens zusätzliche Last.

Taucher oder Scanner

Jeder Mensch kann irgendetwas. Manche vertiefen sich in eine bestimmte Sache und werden gut darin, weil sie ihre Zeit hauptsächlich damit verbringen, in diesem einen Gebiet Experte zu werden und sich kontinuierlich darin zu verbessern. Andere haben viele Interessen und haben mehrere Leidenschaften, denen sie nachgehen. Das ist von Mensch zu Mensch unterschiedlich.

Ich bin ein Scanner-Typ. Ich habe viele Interessen und Hobbys und mache viele Dinge gleichzeitig. Scanner-Typen wie ich sind neugierig, lassen sich schnell begeistern und widmen sich immer wieder neuen Themen. Der Gegenspieler zum Scanner ist der Taucher. Dieser Typ vertieft sich gerne in eine Sache oder ein Thema, er beschäftigt sich bis ins kleinste Detail mit seiner Thematik. Häufig sind Tauchende Experten in ihrem Gebiet. Als ich mir meiner Scannerpersönlichkeit bewusst wurde, stellte sich mir die Frage: Was kann ich denn nun so richtig gut? Was nützt mir «von allem ein bisschen», wenn mein Wissen und mein Können weniger tief sind als die eines Tauchers?

Heutzutage wird - inbesondere in der Arbeitswelt - verlangt, sich auf eine Sache zu spezialisieren. Für viele Menschen ist das kein Problem, sie wollen gerne Experte werden auf einem bestimmten Gebiet. Für mich war das immer schwierig. Ich war von vielen Dingen begeistert, und wenn ich mich für längere Zeit mit etwas Spezifischem befassen musste, waren da viele andere Themen, die ich kennen lernen wollte. Dadurch fühlte ich mich oft fehl am Platz oder glaubte, etwas stimmt nicht mit mir. Ich war ein aktives Kind und hatte nicht die eine Sportart oder das eine Hobby das mich packte, ich hatte mehrere Interessen. Ich spielte Volleyball, Badminton, war Cheerleaderin und liebte Eiskunstlaufen. Das Eiskunstlaufen tat ich sogar mehr als zehn Jahre intensiv und auch heute ab und zu noch. Gerade bei dieser Sportart merkte ich jedoch, wie wichtig es ist, sich voll hinzugeben und mit hundertfünfzig Prozent Begeisterung und Eifer dabei zu sein. Als ich mit dem Sport anfing, träumte ich davon, an der Schweizermeisterschaft im Eiskunstlaufen teilzunehmen. Darüber muss ich heute ein bisschen lachen. Erstens, weil ich erst im Alter von dreizehn Jahren mit dem Hobby anfing (die meisten, die an der Spitze sind, fangen in ihren ersten Lebensjahren an). Zweitens, weil dieser Sport alles von dir erfordert. Deine Zeit, deine mentale und körperliche Kraft, dein Wille, er muss dein Lebensinhalt sein. Um im Eiskunstlaufen an die Spitze zu kommen, musst du extrem hart trainieren. Am Anfang war ich wirklich motiviert und gab alles. Doch ich merkte schnell, als mir die fünfjährigen Kinder im Kurs um die Ohren sausten und schwierigere Sprünge schafften als ich, dass ich noch härter und intensiver hätte trainieren müssen, um besser zu werden.

Ich will nicht sagen, dass es nicht möglich gewesen wäre. Hätte ich alles gegeben, hätte ich es weit schaffen können. Nichts ist unmöglich. Aber irgendwann merkte ich, dass ich das eigentlich gar nicht wollte und mir der Aufwand zu gross war. Ich tat es unglaublich gerne, der Sport gab mir sehr viel. Ich war mit meinen Freundinnen zusammen, hatte Spass und die Bewegung auf dem Eis tat mir gut. Aber ich hatte noch ein anderes Leben, andere Interessen, denen ich nachgehen wollte.

Schlussendlich geht es doch nur darum, die Dinge zu tun, die dich glücklich machen. Ich weiss, das klingt so banal und logisch. Aber schau mal bei dir hin: Was liegt dir mehr, dich einer bestimmten Sache hinzugeben oder mehrere Interessen gleichzeitig zu verfolgen? Ist das, was in deinem Leben aktuell viel Raum einnimmt - sei es die Arbeit oder ein sonstiger Bereich - auch das, was du wirklich gerne tust? Tauchst du in ein Thema ein und bist begeistert davon? Oder scannst du lieber verschiedene Gebiete zeitgleich ab und kannst dich oft nicht für etwas Bestimmtes entscheiden? Ich habe jedenfalls einige Jahre gebraucht, um zu erkennen, dass ich ein Scanner-Typ bin, und dass mich mehrere Dinge gleichzeitig begeistern dürfen. Heute kann ich viel einfacher sagen «Hey, das passt jetzt für mich nicht mehr», und zum nächsten Projekt übergehen. Es bedeutet auch nicht, dass ich unzählige Vorhaben starte und nie etwas zu Ende bringe. Manchmal beginne ich mit einem Projekt und merke, dass es gerade nicht das ist, was ich mir vorgestellt habe. Dann lege ich eine Pause ein und fange etwas anderes an, aber oft fliessen die Pläne dann wieder zusammen. So entwickle ich mich stetig weiter.

Ja, ab und zu bringe ich etwas nicht zu Ende. Heute bestrafe ich mich aber nicht mehr dafür, sondern versuche daraus zu lernen. Mein Tipp für alle Scanner-Typen ist, sich insbesondere im Arbeitsbereich die Projekte in kleine Teile zu strukturieren. Beispiel: Wenn du die Idee hast, eine Website zu erstellen, dann denke nicht gleich an das Endziel, wie sie aussehen und wann sie fertig sein muss. Nimm dir zum Beispiel erstmal vor, die Farben und Schriften auszuwählen. Mach kleine Schritte. So bleibt Raum für all deine anderen Interessen und du kannst überall vorankommen.

Erfolg

Ob du nun tauchst oder scannst, schlussendlich läuft es auf das Gleiche hinaus. Wir haben alle unsere Ideen und Ziele, wir haben Träume, denen wir nachgehen wollen.

Ich denke, dass viele Menschen, gerade in der Schweiz, eine gewisse Vorstellung vom Leben haben: Studieren und Karriere machen, irgendwann eine Familie gründen, ein Eigenheim besitzen und so glücklich alt werden. Das kann auch durchaus etwas sein, was sich viele Menschen wünschen. Aber es wird auch oft von der Gesellschaft vorgeschrieben, ein solches Leben zu führen. Jedenfalls was die berufliche Laufbahn angeht. Die Schweiz ist ein Land, in dem Karriere machen eine sehr grosse Rolle spielt. Dabei gibt es so viele Wege sein Leben zu leben. Meine Ansicht für ein glückliches Leben hat viel mit Freiheit zu tun. Freiheit im Sinne von viel Zeit für mich, aber auch die Freiheit, so viel wie möglich selber zu bestimmen, wann ich wo bin und wann ich was mit wem tue.

Für viele Menschen ist Erfolg ein Endprodukt. Erfolgreich ist man, wenn andere mögen, was man tut. Wenn man sich die Karriereleiter hochgearbeitet hat, viel Geld verdient oder berühmt ist. Also oft verbinden wir Erfolg mit etwas, dass man erreicht hat. Und das ist an sich ja auch richtig: Das Wort stammt vom Verb *erfolgen* ab und bezieht sich somit auf etwas, das den Effekt einer Handlung beschreibt. Es gibt Menschen, die scheinen es einfach drauf zu haben. Alles, was bei ihnen erfolgt, wird zu einem Hit. Ed Sheeran, dessen Songs reihenweise auf Platz eins der Charts landeten. John Strelecky, der einen Bestseller nach dem anderen schrieb. Roger Federer, der in seiner Sportkarriere über hundert Turniersiege verzeichnete. Wer wünscht sich das nicht? Wir übersehen bei diesen erfolgreichen Menschen den oft langen Weg, den sie gehen mussten, um so weit zu kommen. Zudem ist Erfolg oft etwas sehr Subjektives. Erfolgreich sein bedeutet für jeden etwas anderes. Für einen Schüler, der im Mathematikunterricht Mühe hat, ist die knapp bestandene Prüfung ein Erfolg. Ein Mathegenie hingegen fühlt sich erst mit der besten Note erfolgreich. Es gibt keine internationale Klassifikation für Erfolg.

Eine wichtige Erkenntnis für mich war, dass ich meinen Erfolg nicht mehr von anderen Menschen abhängig mache. Ich tue etwas, weil es *mein* Traum ist. Ich mache es für mich, nicht für meinen Chef, meine Familie oder die Gesellschaft.

Es gelingt mir natürlich nicht immer. Auch ich erlebe ab und zu Tage, an denen ich mich mit Anderen vergleiche und an mir zweifle. Aber ich versuche, mir in solchen Momenten wieder bewusst zu werden, dass ich die Dinge in meinem Leben für mich tue. Dieses Werk ist ein gutes Beispiel dafür: Irgendwann habe ich aufgehört, krampfhaft das perfekte Buch schreiben zu wollen. Ich habe es gefühlt hundertmal überarbeitet und korrigieren lassen, aber ich wette, sobald es gedruckt ist, springt mir ein Fehler ins Auge. Tja, na und? Werde ich dafür bestraft? Nein. Ich bin glücklich, weil ich das Buch geschrieben und damit meinen Traum verwirklicht habe.

Die meisten Menschen sehen nicht, wie viel Macht sie über sich selbst haben und lassen sich von ihrem Umfeld vorschreiben, wann sie erfolgreich sind.

Dabei ist es doch viel wichtiger, wie du *deinen* Erfolg definierst.

Also los - Schreibe diesen Song, gründe diese Firma, mach diese Reise. Was auch immer es ist, wage den ersten Schritt, um deinen Traum zu leben.

Vergänglichkeit

Ein Thema, das uns alle betrifft. Ausnahmslos. Wir können uns nicht davor verstecken. Der Tod geht uns alle an. Deshalb möchte ich dir hierzu einige persönliche Erfahrungen erzählen.

Es war nur eine kleine Bemerkung. Von aussen betrachtet ist sie wohl sogar ziemlich unbedeutend. Für mich war sie das damals nicht.

Ich war etwa sieben Jahre alt und mit meinem Vater und meiner Schwester einkaufen. Nach dem Einkauf setzten wir uns in das zum Laden gehörige Restaurant. Es war im oberen Stock und man konnte durch ein Glasdach nach draussen sehen. An diesem Tag fand eine totale Sonnenfinsternis in Europa statt, welche auch in der Schweiz zu sehen war. Wir beobachteten dieses Ereignis also durch das Glasdach des Restaurants, als mein Vater plötzlich aus dem Nichts sagte: «Bei der nächsten Sonnenfinsternis wird es mich nicht mehr geben.» Bam. Mir war, als hätte mir jemand einen Stromschlag versetzt. Natürlich wusste ich, dass Menschen irgendwann sterben und somit auch mein Vater eines Tages nicht mehr da sein wird. Aber ich wusste damals mit meinen sieben Jahren nicht, wann die nächste Sonnenfinsternis stattfindet, und das machte mir wahnsinnige Angst. Wird mein Vater bald sterben? Ich begann zu weinen, doch das Schlimmste war, dass mich dieser Moment sehr prägte. Mir grauste es vor dem Thema Tod und ich spürte zum ersten Mal, was es bedeutet, Verlustangst zu haben.

Auch heute, viele Jahre später, fällt es mir manchmal schwer, über den Tod zu sprechen oder nachzudenken. Klar, ich stehe mitten im Leben und hoffe, dass ich noch eine ganze Weile hier bleiben darf. Trotzdem lässt mich das Thema oft schaudern, obwohl ich schon einige nahestehende Personen verloren habe und glaube, dass der Tod nicht das Ende ist. Ich kann es mir einfach nicht vorstellen. Natürlich kann sich das niemand so genau, wissen werden wir es wahrscheinlich auch nie. Aber im Gespräch mit Freunden oder der Familie ist oft nicht die Furcht vor dem eigenen Tod im Fokus, sondern die Angst, die Menschen die man liebt, auf der Erde zu hinterlassen. Ich muss zugeben, dass ich auch Angst vor meiner eigenen Sterblichkeit habe. Was passiert mit mir, wenn mein Körper nicht mehr lebt? Sogar beim Schreiben dieser Zeilen verspüre ich zeitweise Unbehagen.

Ich befasse mich immer wieder mit der Thematik und meiner Angst davor. Das Gute daran ist, dass ich diese Angst meistens gut steuern und das Positive daraus ziehen kann. Wenn ich Momente habe, in denen ich mit dem Thema konfrontiert bin, verhalte ich mich oft bewusster im Leben. Ich nehme die Dinge um mich herum war, achte auf mich und geniesse meine Zeit, so gut ich kann. Vor allem bin ich dankbar. Dankbar, gesund zu sein und ein erfülltes Leben zu haben. Es mag banal klingen, aber ich weiss, dass ich mir dank dem Bewusstsein über meiner Sterblichkeit mein Leben so einrichte, dass ich so viel wie möglich von dem tue, was ich liebe, und möglichst wenig von dem, was ich nicht mag. Deshalb arbeite ich auch nicht von morgens bis abends, deshalb tausche ich so wenig wie möglich von meiner kostbaren Zeit gegen Geld. Was nützt dir der Porsche in der Garage, wenn du ihn frühmorgens zur Arbeit und spätabends wieder nach Hause fährst und am Wochenende sowieso keine Zeit hast, um ihn zu benutzen?

Als mein Opa auf dem Sterbebett lag und ich ihm einen letzten Besuch vor seinem Tod abstattete, lief die Situation für mich wie in einem Film ab. Er lag da, bereit zu gehen, und richtete seine letzten Worte an uns. Und diese Worte waren tatsächlich solche, die man in Filmen sieht oder in Büchern liest. «Hätte ich doch nur Dieses und Jenes getan», oder «Wäre ich doch stärker gewesen» waren Sätze, die wir zu hören bekamen. Er entschuldigte sich bei meiner Mutter für die Zeit während der Scheidung - wofür er sich genau entschuldigte, weiss ich nicht mehr; aber er trug viel Schuld und Reue bis zu seinem Todestag mit sich und musste diesen Ballast noch ablegen, bevor er ging.

Für mich war das ein sehr trauriger und vor allem sehr prägender Moment. Als ich mich von meinem Opa verabschiedete und aus dem Zimmer ging, wusste ich, dass ich nie, aber wirklich nie, mit so viel Schuld und Reue sterben wollte wie er.

«Was bleibt, wenn alles
Vergängliche geht,
ist die Liebe.»

Unbekannt

Auf dich

Manchmal finden wir Bedeutung im Tod und können daran wachsen. Manchmal können wir aber mit der Idee, dass etwas Schmerzvolles auf irgendeine vorherbestimmte Weise gerechtfertigt werden soll, überhaupt nichts anfangen. Und genau das erlebte ich zu Beginn dieses Jahres.

Im Februar 2023 starb der Freund meiner Kindheitsfreundin an Krebs. Nach zwei Jahren hatte er den Kampf gegen die Leukämie verloren. Es fühlt sich immer noch so surreal an, wenn ich das jetzt so schreibe. Ich kannte ihn aufgrund der Krankheit nicht lange; er erkrankte bereits nach dem ersten Jahr ihrer Beziehung und verbrachte viele Wochen im Spital. Trotzdem war er ein besonderer Mensch für mich, und aus diesem Grund möchte ich ihm diese Zeilen widmen. Ich kannte ihn zu wenig lange, um genau zu sagen, was für ein Mensch er war. Aber ich kann sagen, was für ein Mensch er für mich war, und das möchte ich hier tun. Er verdient es, in diesem Buch einen Platz zu haben.

Ich erinnere mich an unsere erste Begegnung. Er war mir auf Anhieb sympathisch und ich konnte direkt spüren, wie sehr er meine Freundin liebte. Das war für mich sowieso das Wichtigste. Er strahlte eine Wärme und Stärke aus, die mich sofort wohlfühlen liess. Wir hatten ein paar schöne Erlebnisse zusammen; wir gingen wandern, waren auf Partys, feierten Geburtstage oder sassen gemütlich beim Essen zusammen. Ich erinnere mich, wie er einmal für mich und meine Freundin Poffertjes - kleine holländische Pfannkuchen - machte. Er liebte es, zu kochen, und er kochte wirklich unglaublich gut. Es beeindruckte mich, wie er mit seiner Krankheit umging. Während langen Spitaltagen suchte er nach neuen Rezepten, die er ausprobieren wollte, wenn er wieder zuhause war. Er war jemand, der das Leben schätzte. Ein Familienmensch, der für andere sorgte und seine Stärke nutzte, um den Schwächeren zu helfen. Seine Zufriedenheit mit seinem Leben faszinierte mich; er war nicht ständig auf der Suche oder strebte nach «dem Besseren», er war sehr gut darin, den Moment einfach zu leben.

Die Hoffnung nach den ersten Behandlungen war da, als sich seine Gesundheit etwas verbesserte. Er konnte langsam wieder am Leben teilhaben. Aber es dauerte nur wenige Monate, dann kam der Rückschlag. Er musste wieder ins Spital. Wir alle hofften. Familie und Freunde zündeten jeden Abend zur gleichen Zeit eine Kerze an, um die Kraft der Liebe zu vereinen. Eine Woche vor seinem Tod erzählte mir meine Freundin noch von seiner geplanten Rückkehr nach Hause und den Vorbereitungen, die sie dafür gerade machte. Dann ging es plötzlich sehr schnell.

Es hat mich demütig gemacht. Demütig und zutiefst dankbar, was ich hier auf der Welt erleben darf. Dass ich leben darf. Oft wird man belächelt, wenn man für alles und jeden seinen Dank ausspricht. Aber Dankbarkeit ist für mich das, was mich die Schönheiten dieser Welt sehen lässt. Oft sind es die kleinen Dinge. Das bedingungslose Lachen eines fremden Kindes, ein süsser Hund auf der Strasse, das Vogelzwitschern im Wald, der Geruch nach Sommer auf nassem Teer. Sein Tod hat mich noch feinfühliger für alles um mich herum werden lassen.

Es hat mich wohl deshalb auch so getroffen, weil er mit nur zweiunddreissig Jahren bereits gegangen ist. Ich bin dieses Jahr dreissig geworden. Man steht in diesem Alter mitten im Leben. Man hat Pläne, Träume, Beziehungen, ist in gewissen Strukturen gefestigter als mit zwanzig. Es war (und ist immer noch) so unfassbar traurig für mich anzusehen, dass meine beste Freundin ihren Partner in Crime verlor. Ihre Liebe zueinander war eine dieser Schönheiten, von der ich vorher sprach. Es war eine Beziehung auf Augenhöhe, es machte einfach glücklich, wenn man die zwei sah. Mit dreissig macht man sich oft andere Gedanken in einer Beziehung, als wenn man jünger ist und vielleicht noch viele eigene Pläne hat. Ich weiss, man kann nie sagen, ob etwas für immer ist. Aber es war so viel mehr als eine «mal sehen»-Beziehung.

Meine Freundin geht so unglaublich gut mit dem um. Ich werde nie nachfühlen können, was sie durchgemacht hat und vor allem jetzt, nach seinem Tod, durchmacht. Ich werde ihr diesen Schmerz auch nie wegnehmen können, niemand kann das. Sie hat eine so schöne Art, damit umzugehen. Sie lebt ihr Leben weiter, lässt sich die Freude nicht nehmen, lässt aber der Trauer ihren Platz. Auch wenn man sich bei einem Schicksal wie seinem einzureden versucht, dass er vielleicht anderswo im Universum gebraucht wurde: Das Vermissen bleibt. Es tut weh. Es ist einfach beschissen und unverständlich.

Ich habe schon einige Menschen gehen lassen müssen in meinem Leben, aber sein Tod hat mich tief berührt. Wir sind alle irgendwie miteinander verbunden, davon bin ich überzeugt.

Danke, dass ich dich kennen lernen durfte. Auf dein Lachen, deine Freude am Leben und auf die Liebe, die du gegeben hast. Auf dich.

Sehenswürdigkeit Leben

Schon mal mit einem Motorrad drei Meter weit in ein Reisfeld geflogen? Es gibt eine Strasse in Bali (oder gab, mittlerweile ist fast alles überbaut), die bekannt dafür ist, dass Autos und Motorräder vom Weg abkommen und im beidseitig davon liegenden Reisfeld landen. Irgendein Teil von mir dachte sich wahrscheinlich, dass dies eine notwendige Erfahrung in meinem Leben ist.

Wie es soweit kommen konnte? Pure Dummheit. Nach einer Strandparty wollte ich ins Hostel zurück. Es regnete in Strömen und ich hatte meinen Roller extra nicht mitgenommen, weil ich nicht trinken und fahren wollte. Ich war nass bis auf die Knochen und die Taxis vor der Strandbar waren alle schon voll. Während der Party hatte ich ein paar Leute kennen gelernt, unter anderem einen jungen Mann, mit dem ich mich gut verstand. Er bot mir an, mich auf seinem Motorrad nach Hause zu fahren. Er schwor mir, nüchtern zu sein und vorsichtig zu fahren. Mir war kalt und ich hatte keine Lust mehr zu warten, also willigte ich, naiv wie ich war, ein. Wir fuhren los und ich ermahnte ihn nochmal, nicht zu schnell zu fahren, weil es aus allen Wolken schüttete. Er fuhr aber zu schnell. Kurz vor der Überquerungsstrasse bei den Reisfeldern wollte ich gerade noch meinen Mund aufmachen und ihm sagen, er soll langsamer fahren. Diese Strasse war damals eher ein gepflasteter Weg mit vielen Unebenheiten. Bevor ich einen Ton herausbrachte, war es bereits zu spät: Er fuhr mit einer hohen Geschwindigkeit in ein Schlagloch. Ich konnte nichts mehr tun. Ich flog über ihn drüber, kopfvoran in das Reisfeld. Er und der Roller hinterher. Ich erinnere mich an meinen ersten Gedanken, als ich bäuchlings in das nasse Gras klatschte: Schlangen! Natürlich ein relativ lächerlicher Gedanke, wenn man bedenkt, dass ich soeben ein paar Meter weit gestürzt war. Gott sei dank war das Reisfeld da und federte den Sturz ab. Wenn der Roller nicht in der Richtung des Feldes ins Loch geraten wäre, hätte ich volle Kanne eine Landung auf den Pflastersteinen hingelegt. Genausogut hätte der hinter mir her fliegende Roller auf mir landen können. Dank dem Reisfeld und meiner Flugbahn kam ich mit einer kleinen Schramme am Kinn davon. Ich hatte ein Riesenglück.

Ich gab mein Geld immer fürs Reisen aus. So oft es mir mein Studium und meine Arbeit ermöglichten, machte ich mich auf zu neuen Abenteuern. Drei Monate in Kalifornien, vier Wochen auf Bali, mehrere Wochen auf den Philippinen. Ich liebte es. Nicht selten kam ich von einer Reise zurück und hatte nichts mehr auf dem Konto. Nach meiner Reise auf den Philippinen musste ich mir das letzte Münz aus meinem Sparschwein zusammenkratzen. Es gab Zeiten, da lebte ich von Pasta und Brot. Dieser Zustand dauerte meistens nicht sehr lange, und ich hatte glücklicherweise immer meine Familie, die mich in solchen Notsituationen unterstützen konnte. So richtig am Arsch war ich natürlich nie, dafür ging und geht es mir in der Schweiz viel zu gut. Doch manchmal wollte ich keine Unterstützung, wenn ich wieder mal pleite war. Ich hatte ein schlechtes Gewissen, da mein Zustand ja doch selbstverschuldet war. Wer reisen gehen kann, kann auch sonst gut leben, oder?

Nach meiner Motorrad-Geschichte und der Tatsache, dass ich nach dem Reisen oft pleite war, kann man sich fragen, wozu das alles gut sein soll. Ich könnte doch einfach zu Hause bleiben und sparen, statt mich in gefährliche Situationen zu bringen und dafür noch Geld auszugeben.

Ja, das hätte ich tun können. Und ja, reisen ist gefährlich. Aber das ist das Leben auch. Du kannst bei dir ums Eck in den Supermarkt gehen und vom Auto überfahren werden.

Reisen gehört zu meinen Leidenschaften. Es erfüllt mich mit Glück und Zufriedenheit. Ich hatte und habe wenig materielle Wünsche, die mich langfristig glücklich machen. Natürlich hätte die Sache mit dem Motorrad anders ausgehen und ich mich ernsthaft verletzen können. Aber das habe ich nicht, und ich habe sehr viel aus dieser einen Erfahrung gelernt. So ging es mir in vielen Momenten beim Reisen. Wenn dir in einem asiatischen Land ein Mensch aus reiner Freundschaft und Liebe etwas schenkt, ohne selber kaum etwas zu besitzen, dann lernst du viel über die Welt. Über deine Welt. Deine Werte.

Deine Ansichten. Du merkst, wie klein du bist in diesem grossen Ganzen.

Es geht mir beim Reisen also nicht darum, berühmte Sehenswürdigkeiten abzuklappern und gewisse Dinge gesehen zu haben. Das ist für mich meistens nur das nette Extra. Ich reise auch nicht, weil es mir in der Schweiz nicht gefällt. Ich reise, weil es meine eigene Welt bereichert. Es beeinflusst mein Denken, mein Fühlen und mein Handeln, es verändert auch meine Sicht auf das Land, in dem ich wohne. Dank meinen Reisen weiss ich gewisse Dinge in der Schweiz viel mehr zu schätzen, Dinge, die für mich früher selbstverständlich waren, wie etwa immer warmes Wasser zu haben oder sich nie Gedanken um die nächste Mahlzeit machen zu müssen. Reisen verbindet mich mit den Menschen und ihren Geschichten. Es lässt mich zu einem Teil von diesem grossen Ganzen werden.

«Gesundheit ist zwar nicht alles, aber ohne Gesundheit ist alles nichts.»

Arthur Schopenhauer

Gesundheit

Vor zwei Jahren bekam ich fiese Rückenschmerzen, überraschend und ohne Vorwarnung. Ich hatte weder einen Unfall noch ein sonstiges Ereignis, worauf ich die Schmerzen zurückführen konnte. Ich bin die Schmerzen heute noch nicht ganz los und sie sind mal stärker, mal weniger. Aber für mich war klar, dass ich nicht direkt zum Arzt renne und mir Pillen mit irgendwelchen Nebenwirkungen verschreiben lasse, sondern dass ich erst mal versuchte, herauszufinden, was mir mein Körper damit sagen will. Warum?

Wenn wir mal die menschliche Evolution der letzten hundert, zweihundert Jahre anschauen, wissen wir, wie stark sich unser Leben in jeder Hinsicht verändert hat. Die Technologie ist weit vorangeschritten, sowie auch die Gesellschaft und die Lebensverhältnisse. Eigentlich alles hat sich krass verändert und vor allem verschnellert. Worauf will ich hinaus?

Normalerweise ist unser Körper in der Lage, sämtliche Belastungen, denen er tagtäglich ausgesetzt ist, auszugleichen. Selbst eine kurzfristige Belastung oder Stressphasen kann er kompensieren. Wenn wir nach einer intensiven Phase Zeit zur Erholung haben, hat unser Körper genügend Energie, um seine Regulationsmechanismen zu aktivieren. Solange das der Fall ist, können sich Körper und Seele wieder erholen und wir bleiben gesund. Heutzutage aber sind wir oft im Dauerstress. Arbeit, Familie, Erwartungen und der gesellschaftliche Druck führen beispielsweise dazu, dass wir die Belastungen kaum bis manchmal gar nicht mehr abbauen können. Das zeigt sich körperlich nachweisbar: Adrenalin und Cortisol sind dauerhaft zu hoch und werden irgendwann nicht mehr abgebaut. Die ansonsten positive Wirkung von Cortisol setzt dem Körper zu. Ich will dich hier gar nicht zu lange mit Fakten langweilen, aber es ist dennoch ein wichtiger Punkt. Als ich mich während dem Studium ausführlich mit der Entstehung von psychischen und physischen Krankheiten befasste, wurde mir schnell klar, dass Krankheiten in den meisten Fällen immer die gleiche Ursache haben: Stress.

Gut, wir sind krank. Und jetzt? Hier kommt das meiner Meinung nach zweite Problem: Wir geben die Verantwortung für unsere Gesundheit gerne ab, meistens an Ärzte. So wie wir gerne unser Geld der Bank abgeben, sagen wir den Ärzten: «Hier, bitteschön, bitte bewahren Sie meine Gesundheit gut auf.» In manchen Fällen macht das auch durchaus Sinn. Wenn wir ein gebrochenes Bein haben oder an einer schweren Krankheit wie Krebs leiden, sind wir auf die Hilfe und professionelle Versorgung von medizinischen Fachleuten angewiesen. Mit zweiundzwanzig hatte ich eine tiefe Venenthrombose und war sehr froh um die medizinische Versorgung. In den letzten Jahren hatte ich jedoch immer stärker das Gefühl, dass die Menschen die Eigenverantwortung für ihre Gesundheit sofort abschieben oder gar nicht erst sehen. Es fängt schon bei der Prävention an, wie eben der Vermeidung, oder sagen wir, der gesunden Einteilung von Stress in unserem Leben. Wenn du zum Beispiel jahrelang rauchst (um z.B. mit dem Stress klarzukommen) und deine Lunge irgendwann so geschädigt ist, dass du chronischen Husten hast oder sogar auf Medikamente angewiesen bist, wunderst du dich dann wirklich? Ich weiss, eine Sucht ist nicht so einfach loszuwerden. Aber gerade beim Rauchen, wo man ja irgendwann damit angefangen hat, wem will man dann sonst die Verantwortung geben, ausser sich selbst? Hier ist es mir wichtig, das zu betonen: Es gibt Menschen, die durch schwierige Lebensverhältnisse und traurige Schicksale manchmal nicht anders können oder es nicht besser wissen und gesundheitsschädigende Wege einschlagen, sei das mit schlechter Ernährung, Rauchen oder sonstigen Rauschgiften. Das ist traurig und mir völlig bewusst, denn ich arbeite auch mit solchen Menschen. In solchen Fällen dienen diese Mittel meist als Ablenkung von der Realität, in der diese Menschen stecken. Ich finde auch, dass die Gesellschaft mitverantwortlich für gewisse Faktoren ist, wie etwa dem Leistungsdruck bei Arbeit und Schule. Die WHO zählt beruflichen Stress mittlerweile zu den grössten Gefahren unserer heutigen Zeit. Eines bleibt trotzdem, egal wie wir es wenden und drehen: Allermeistens sind wir es, die entscheiden, ob und wann wir beginnen, sei es mit Rauchen, Alkohol, Fast Food oder was auch immer.

Ablenkung ist halt der einfachste Weg, einer unschönen Realität zu entfliehen. Was mich erschreckt, ist das fehlende Bewusstsein von vielen Leuten. Man konsumiert, raucht, isst Unmengen an Zucker und wundert sich dann, dass der Körper irgendwann ein Leiden hat.

Glaub mir, ich bin auch nicht zur Welt gekommen und wusste es besser. In den Anfängen meiner Zwanziger ging ich fast jedes Wochenende aus (oft freitags und samstags), trank in grossen Mengen Alkohol und rauchte eine Zeit lang auch. Das war die Zeit, in der ich mich gerne ablenkte von meiner Realität. Vom Bürojob, der mir nicht gefiel, vor meinem fehlenden Selbstbewusstsein, meinen Ängsten vor der Zukunft. Die Liste ist lang. Das ging jahrelang so. Aber irgendwann merkte ich doch, dass ich mit diesen Ablenkungsmanövern nicht viel erreichte. Ich fühlte mich nur kurzzeitig besser und meistens dankte es mir mein Körper nach solchen Aktionen mit einem Kater oder noch stärkeren Selbstzweifeln.

Ich sage es nochmal: Es gibt Menschen, die aufgrund von traurigen Schicksalen nicht anders können oder die trotz eines gesunden Lebensstils erkranken. Mein Ziel ist es nicht, mit dem Finger auf andere zu zeigen, sondern das Bewusstsein für dieses Thema zu verstärken. Wenn du gesund bist, dann schätze das und sorg dafür, dass du gesund bleibst. Gesundheit ist unser höchstes Gut. Man kann noch so viel Geld haben, aber was nützt es einem, wenn man krank ist?

Wir alle haben unser Päckchen zu tragen. Aber trotzdem liegt es schlussendlich in deiner Hand, wie du mit dir, deinem Körper und deinem Geist umgehst.

Schattentage

Bereits als Kind erfuhr ich, was es bedeutet, Angstzuständen zu haben. Ich war depressiv, mehrmals. Das erste Mal war ich ziemlich jung.

Im Nachhinein klingen die Worte dieses Kapitels absurd. Nicht etwa, weil ich mich dafür schäme, sondern weil ich heute an einem ganz anderen Punkt stehe. Ich will hier auch weder einen auf Opfer machen, noch will ich Lob dafür, dass ich es aus der Depression geschafft habe. Ich will nur erzählen (wie generell in diesem Buch).

Ich kann es mir kaum noch vorstellen, tagelang nur im Bett zu liegen und nicht essen oder aufstehen zu können. Was ist damals passiert?

Das ist eine gute Frage. Oft geht man von einem bestimmten Ereignis aus, welches eine Depression begünstigt oder sogar hervorruft. Eine Scheidung der Eltern, Gewalt in der Kindheit, Mobbing oder eine Krankheit können beispielsweise solche Auslöser sein. Aber nicht immer gibt es eine handfeste Ursache für eine Depression. Manchmal ist es die Summe kleiner Teilchen, wie es wahrscheinlich bei mir der Fall war. Auch wenn ich ein Scheidungskind bin, würde ich nicht nur die Trennung meiner Eltern als Auslöser für meine Tiefs nennen.

Meine erste Depression hatte ich mit ungefähr neun Jahren. Es war der Horror für mich. Ich erinnere mich auch noch genau an den Tag X. Das Tief kam damals tatsächlich nicht schleichend, sondern traf mich ziemlich hart auf einen Schlag. Ich war mit meiner Schwester bei meinem Vater zu Hause und wir schauten fern. Als ich so auf den Fernseher schaute, fühlte ich mich plötzlich, als würde ich wegdriften. Ich spürte meine Finger nicht mehr richtig und alle Geräusche waren auf einmal wie in Watte verpackt. Ich dachte zuerst, ich würde krank werden. Aus Angst davor, in Ohnmacht zu fallen, ging ich zu meinem Vater und erzählte ihm, wie ich mich fühlte. Ich durfte zu ihm auf den Schoss und dort blieb ich eine ganze Weile. Ich hatte Angst, alleine zu sein, ich brauchte den Körperkontakt und die Nähe von vertrauten Menschen. Ich verstand absolut nichts und hatte nur grosse Angst. Eine Zeit lang dachte ich sogar, dass ich sterben würde. Was danach passierte? Dieses Gefühl hielt wochenlang an. Ich war zwei Wochen lang krank geschrieben und besuchte insgesamt einen Monat lang die Schule nicht. Da meine Mutter arbeitete, lag ich viel auf dem Sofa bei den Nachbarn und weinte. Ich weinte, weil ich Angst vor diesen unbekannten Gefühlen hatte und nicht wusste, was ich tun sollte. Nach etwa zwei qualvollen Monaten ging es mir etwas besser. Das wattige Gefühl verschwand allmählich und ich fühlte mich meinem Körper und der Umgebung wieder näher. Als ich mich wieder sicher genug im Alltag fühlte, schrieb ich eines Tages auf einen Zettel «Ich will diese Gefühle nie, nie mehr haben!» und versteckte ihn in einer kleinen Schachtel. Ich hatte grosse Angst, dass diese Gefühle zurückkamen, denn ich konnte mir nicht vorstellen, das nocheinmal durchzumachen, ohne den Verstand zu verlieren.

Ziemlich heftig, wenn ich jetzt selber darüber nachdenke. Im Alter von neun Jahren sollte man meiner Meinung nach nicht darüber nachdenken müssen, ob man den Verstand verlieren wird. Hier will ich nicht leugnen, dass sicherlich der grösste Teil meiner ersten Krise mit der schwierigen Scheidung meiner Eltern zu tun hat. Ich bekam jeden Streit mit, meine Schwester und ich standen sehr oft zwischen den Fronten. Das Schwerste war für mich damals, meine Eltern leiden zu sehen und nichts dagegen tun zu können.

Ich ging zu einer Kinderpsychologin. Tatsächlich kann ich mich kaum noch daran erinnern, weder an die Frau noch an die Gespräche. Ich habe einige Lücken zu gewissen Themen und Situationen in meiner Kindheit. Das liegt wohl am gut funktionierenden Schutzsystem meines Gehirns.

Als ich in die Lehre kam, ging es mir auch nicht sehr gut. Das war die zweite Phase meines Lebens, in der ich sehr zu kämpfen hatte. Mit mir selber sowie mit den Umständen. Ich hasste die Lehre. Bereits am ersten Tag meiner Ausbildung fühlte ich mich schrecklich und mir war übel. Als ich dann meine ersten Stunden abarbeitete, wusste ich, dass ich das niemals drei Jahre lang aushalten würde. Ich schaute ständig auf die Uhr - und mit ständig meine ich wirklich immer. Ich drehte fast durch. Ich ass fast nichts mehr, weil mir die ganze Zeit übel war. Mein Kiefer tat mir dauernd weh, weil ich so angespannt war und dadurch die Zähne zusammenbiss. Nach den ersten zwei Wochen erzählte ich meiner Mutter, dass ich es nicht packen würde. Sie unterstützte mich und stand hinter mir. Nach einem Monat brach ich die Ausbildung ab. Ich war erleichtert, aber trotzdem ging es mir nur teilweise besser. Nun war ich arbeitslos, hatte keine Perspektive und wusste nicht, was ich mit meinem Leben machen wollte.

Ein guter Freund meiner Mutter bot mir an, die Lehre bei ihm fortzuführen. Ich zweifelte stark, da mir die kaufmännische Arbeit eigentlich nicht gefiel. Aber ich wusste auch keine Alternative, zudem hätte ich fast ein ganzes Jahr überbrücken müssen, um eine andere Ausbildung oder Schule anzufangen. Ich kannte diesen Freund meiner Mutter gut und vertraute darauf, dass er mich angemessen begleiten würde (was bei der vorherigen Firma nicht der Fall war). Damals waren für mich die Menschen, die mich umgaben, ausschlaggebend dafür, ob ich mich wohl fühlte oder nicht. Durch meine Unsicherheit und Schüchternheit konnten mich damals bereits kleine Bemerkungen oder Handlungen von anderen Menschen so stark verunsichern, dass ich mich tagelang schlecht fühlte. Diese Zeit war anstrengend, ich habe so viel gezweifelt an mir, an manchen Tagen jede Sekunde. Das zwanghafte in den Spiegel schauen. Alles musste perfekt sitzen. Nein danke, ich will echt nicht mehr sechzehn sein.

Ich führte also die Ausbildung in besagtem Betrieb fort. Zu Beginn ging es mir wieder schlecht, aber nach den ersten paar Wochen ging es allmählich bergauf. Meine Mitarbeitenden waren toll und es gab tatsächlich auch Arbeiten, die mir gefielen. Zudem begann ich, mich zum ersten Mal bewusst mit mir auseinanderzusetzen. Ich stiess auf das Buch «The Secret» und war total begeistert. Unter anderem lernte ich, dass ich die grösste Macht über meine Emotionen und mein Wohlbefinden habe und dass ich die Dinge anziehen kann, die ich auch wirklich in meinem Leben haben will.

Nach der Lehre folgten einige intensive Jahre. Ich absolvierte die einjährige Berufsmatur und lernte dort tolle Menschen kennen. Anschliessend arbeitete ich fast zwei Jahre wieder im Büro, aber diesmal mit einem Ziel: Viel Geld sparen und auf Reisen gehen. Das tat ich dann auch. Die erste Reise begann mit dem Interrail-Ticket und einer Freundin aus der Berufsschule durch Nordeuropa. Es waren wunderbare Wochen, wir konnten dorthin, wann und wo wir wollten. Wieder zuhause, buchte ich bereits mein nächstes Abenteuer. Ich wollte nach Kalifornien in eine Sprachschule, um meine Englischkenntnisse zu verbessern. Vor dem Sprachaufenthalt reiste ich mit meiner besten Freundin quer durch das Land. Wir lernten das Surfen, bestaunten die grossen Bäume und die unendlich weiten Landschaften in den Nationalparks und waren fasziniert vom amerikanischen Grossstadtleben. Sie fuhr wieder nach Hause, während ich meinen Sprachaufenthalt begann. Zum ersten Mal seit langer

Zeit fühlte ich mich wieder nicht wohl in meiner Haut. Ich hatte eine wahnsinnig nette Gastfamilie und meine Mitstudierenden waren toll, aber mich plagten wieder grosse Selbstzweifel. Die Freundin aus der Berufsschule hatte durch Zufall in derselben Zeit auch einen Sprachaufenthalt in der gleichen kalifornischen Stadt wie ich geplant, weshalb wir einige Wochen zusammen an der gleichen Schule verbrachten. Wir hatten tolle Erlebnisse, aber rückblickend hat dieses Abenteuer unsere Freundschaft eher belastet. Sie bekam meine Tiefs mit, sowie auch einen schlimmen Alkoholabsturz mit Spitalaufenthalt. Als wir zurück in der Schweiz waren, wollten wir beide von zu Hause ausziehen und beschlossen, gemeinsam mit unseren besten Freundinnen eine Wohngemeinschaft zu gründen. Heute ist mir klar, warum diese Idee bereits im Voraus zum Scheitern verurteilt war.

Was ist passiert? Nun, wir zogen tatsächlich zu viert zusammen. An die ersten Monate habe ich schöne Erinnerungen; wir unternahmen viel gemeinsam und verstanden uns gut in der WG. Meine Selbstzweifel waren aber nicht weg, im Gegenteil. Ich legte jedes Wort von anderen Menschen auf die Goldwaage und kam überhaupt nicht klar mit mir selber. Die Freundin aus der Berufsschule begann, sich von mir zu distanzieren, was natürlich schwierig war, weil wir zusammen wohnten. Diese Distanz schürte meine Selbstzweifel nur noch mehr und unsere Freundschaft fing an, auseinanderzubrechen. Ich reagierte oft aggressiv und unkontrolliert. Auch meine Mitbewohnerinnen wussten irgendwann nicht mehr, wie sie mit mir umgehen sollten. Ich war wütend und fühlte mich zugleich hilflos. Was war los mit mir? Der unvermeidbare Tag kam und die WG wollte, dass ich ging. Ich packte meinen Koffer und zog Hals über Kopf aus. Es war einer der schlimmsten Momente meines Lebens.

Es klingt absurd, wenn ich das sage, aber heute bin ich froh, dass es so gekommen ist. Ja, es hätte anders verlaufen können und der Schmerz, den ich meinen Freundinnen und mir selber damals zugefügt habe, hätte vielleicht vermieden werden können. Aber nach diesem Tag hat sich das Leben für mich komplett geändert. Es war, als wäre ein Schalter in mir umgelegt worden. Die ersten Wochen waren scheisse, ich wohnte wieder zu Hause und der Verlust meiner WG schmerzte wahnsinnig. Als ich mich mit meiner besten Freundin wieder verstand und mein Leben sich allmählich wieder beruhigte, wurde ich ein anderer Mensch - besser gesagt der Mensch, den ich so lange in mir versteckt und verborgen gehalten habe.

Es entschuldigt nicht mein Verhalten oder die Tatsache, dass ich teilweise echt beschissen mit meinen Mitmenschen umging. Ich kann die Zeit nicht zurückdrehen. Aber ich habe wahnsinnig viel gelernt. Ich kam mir selber näher, überdachte meine Werte und nahm mir Zeit für meine persönliche Entwicklung. Seither hatte ich keine depressiven Phasen mehr.

Manchmal brauchen wir schattige Tage, um bewusster zu werden und auf den richtigen Weg zu gelangen.

«Stille Wasser
sind attraktiv.»

———

Julia Engelmann

Die Kraft der Stille

Früher bekam ich oft zu hören, dass ich mich mehr zeigen soll. Eine Lehrerin sagte bei einem Elterngespräch einmal, ich sei ein Mauerblümchen. Mein Vater sagte mir öfters, ich solle doch mehr so sein wie meine Schwester, laut und gesprächig. Als Kind hat mich das nur noch mehr eingeschüchtert und als Jugendliche haben mich solche Aussagen zur Weissglut gebracht. Ich war wütend, weil ich mich selber darüber ärgerte, dass ich schüchtern war (damals wusste ich noch nicht, dass Schüchternheit nicht das Gleiche ist wie introvertiert sein). Ich wollte nicht so sein. Es gab eine Zeit, da versuchte ich mit aller Kraft anders zu sein, eben auch laut und gesprächig. Das funktionierte nicht mal so schlecht, ich wurde gehört und gesehen und es fühlte sich gut an, die verwirrten Blicke der Menschen zu spüren, die mich als schüchtern und ruhig kannten. Ich hielt das aber nicht lange durch, vielleicht zwei Wochen. Danach war ich fix und fertig. Dieses so tun als ob war wahnsinnig kräfteraubend für mich. Ich musste mir eingestehen, dass ich nun mal einfach nicht so laut und extrovertiert war wie andere.

Als ich mich im Alter von ungefähr zwanzig Jahren immer öfters mit mir und dem Thema Persönlichkeitsentwicklung auseinandersetze, wurde ich selbstsicherer. Als Kind fiel es mir manchmal wirklich schwer, eine fremde Person etwas zu fragen oder beispielsweise an der Kasse zu zahlen. Ich war echt schüchtern. Je älter ich wurde, desto häufiger übte ich mich in solchen Situationen. Ich wurde immer besser darin, auf andere zuzugehen, und das ohne Anstrengung. Da merkte ich bereits, dass Schüchternheit nicht das gleiche ist wie Introversion. Ich konnte meine schüchterne Art überwinden, denn hinter Schüchternheit verbergen sich oft soziale Ängste.

Es dauerte dennoch lange, bis ich die introvertierte Seite an mir wirklich akzeptieren konnte. Die heutige Welt ist noch stark an extrovertierten Menschen ausgerichtet. Meldet man sich als Kind in der Klasse nicht, wird dies «gefördert». In der Schule und im Studium wird die Einzelarbeit oft von der Gruppenarbeit abgelöst. Im Job soll man sich möglichst aktiv einbringen, um beim Mitarbeitergespräch gut abzuschneiden. Es ist natürlich nicht überall so und das ist ja alles auch nicht falsch. Aber es gibt nunmal auch Menschen, die sich in einer grossen Gruppe nicht melden wollen. Es gibt die, die alleine produktiver arbeiten und bei Gruppengesprächen untergehen. Und ob man einen guten Job macht, hängt nun bestimmt nicht nur davon ab, ob man sich ständig einbringt.

Als ich auf das Buch «Still - die Kraft der Introvertierten» von Susan Cain stiess, konnte ich meine ruhige Art nicht nur akzeptieren, sondern erkannte auch, welche Stärken ich hatte. In brenzligen Situationen, wie etwa einem lauten Streit zwischen zwei Mitarbeitenden oder einer Auseinandersetzung zwischen Kindern auf dem Pausenplatz, bleibe ich oft ruhig und kann klar denken. Ich lasse mich nicht so schnell aus der Bahn werfen. Das schätze ich heute sehr. Erstaunlich war für mich auch zu lesen, dass bereits bei Neugeborenen festgestellt werden kann, ob sie sich eher zu einer introvertierten oder extrovertierten Persönlichkeit entwickeln. Ob du einen eher introvertierten oder extrovertierten Charakter hast, wird also bereits bei deiner Geburt festgelegt. Dies ergab absolut Sinn für mich und erklärte auch, weshalb es für mich damals so anstrengend war, so zu tun, als sei ich extrovertiert.

Traurig (aber auch fast ein bisschen amüsant) finde ich ja auch, wie im Internet die Begriffe teilweise beschrieben werden. Extrovertierte Menschen seien offen, kontaktfreudig und, halte dich fest, kommunikationsfähig. Das klingt fast so, als wären introvertiere Personen kommunikationsbehindert. In solchen falschen Umschreibungen liegt für mich unter anderem das Problem, weshalb der Begriff «introvertiert» eher negativ behaftet ist und sich Menschen nicht gerne so bezeichnen. Wie gesagt, sind Schüchternheit und Introversion nicht dasselbe, aber die Gesellschaft neigt dazu, diese Begriffe miteinander zu vermischen oder zu verwechseln. Susan Cain erklärt es eigentlich ganz einfach: Introvertierte Menschen schöpfen die Kraft aus den Momenten, in denen sie ganz für sich sind. Sie können aber genauso gut unter Leute gehen und offen, kontaktfreudig und sowieso kommunikationsfähig sein. Extrovertierte hingegen tanken Energie, wenn sie mit anderen Menschen zusammen sind. Schlussendlich geht es sowieso nicht darum, welche dieser Eigenschaften besser oder schlechter sind. Wichtiger ist, die Stärken dieser Charakterzüge für sich richtig zu nutzen.

Es gibt auch viele Menschen, die sich als introvertiert-extrovertiert oder umgekehrt bezeichnen würden. Weil es sich eben um ein Spektrum handelt und es nicht nur Schwarz oder Weiss gibt. Mir hat es sehr geholfen, zu erkennen, welches Persönlichkeitsmerkmal und welche Stärken ich dadurch habe. Ich bezeichne mich heute als introvertiert-extrovertiert. Falls du dich auch eher als introvertiert bezeichnen würdest und dir der Begriff noch Mühe bereitet, dann empfehle ich dir das Buch von Susan Cain. Es hat manchmal etwas komplexe Kapitel und ist teilweise sehr wissenschaftlich geschrieben, aber genau das hat mich auch ermutigt. Mit uns ist alles richtig, glaub mir.

Mittlerweile zähle ich bei einem Vorstellungsgespräch sogar meine innere Ruhe zu meinen Stärken - mit einem leichten Grinsen.

Spiritualität

Ich finde es immer interessant, welches Verständnis die Menschheit vom Begriff Spiritualität hat. Wenn auch du beim Gedanken an dieses Thema Bilder von Gurus, Räucherstäbchen und Tarotkarten hast, dann habe ich eine Frage an dich:

Weisst du, was das Wort Spiritualität exakt bedeutet?

Die Wortherkunft finde ich äusserst spannend. Spiritualität kommt vom lateinischen Wort *Spiritus*, was soviel wie *Geist* oder *Hauch/Atem* beziehungsweise *spiro – ich atme* bedeutet und im weitesten Sinne «lebendig sein» umfasst. Okay. Das trifft also so ziemlich auf uns alle zu, wir sind lebendig und wir atmen. Keine grosse Zauberei, oder? Tatsache ist, dass der Begriff in der Gesellschaft kontrovers diskutiert und eben oft mit «Guru-Getue» oder Hokuspokus abgestempelt wird. Hier handelt es sich meist um Unkenntnis über das Thema und um das sich-nicht-richtig-damit-befassen-Syndrom. In der westlichen Welt, oder insbesondere in der Schweiz, sind - im Vergleich zum Osten zum Beispiel - religiöse oder spirituelle Rituale eher dünn gesät. Wir haben wenig Praktiken, die wir in unserem Land zelebrieren und ausleben - viele freuen sich an Feiertagen einfach darüber, frei zu haben. Das war und ist sicher nicht immer so. Aber in sehr vielen anderen Ländern weltweit gehören Zeremonien und Rituale zum festen Alltag. Es ist also nichts Abartiges, wir kennen es nur nicht mehr so auf die «gelebte» Art. Ich habe schon mit vielen Menschen über Spiritualität gesprochen, und viele sind oft skeptisch bei dem Thema. Wahrscheinlich weil das Bild der Spiritualität trotz grossen Fortschritten in der Gesellschaft noch sehr verzogen ist. Ich habe Mühe damit, wenn Menschen meinen, dass etwas, womit sie sich im Leben nicht bewusst befassen oder sie nur aus Erzählungen oder aus dem Internet kennen, nicht funktioniert. Etwas, was du nur aus Erzählungen kennst, kannst du nicht in die Schublade «Humbug» stecken. Ich sehe das immer wieder und finde es einfach unfassbar schade, wie viele Menschen Dinge von sich abweisen, die sie nicht kennen. Das gilt nicht nur für das Thema Spiritualität, sondern generell, wenn Menschen nicht offen sind und in ihren Strukturen verharren. Vor allem, wenn es schlussendlich um Themen wie die eigene psychische Gesundheit geht. Wir leben in einer verschlossenen Kultur, wenn wir uns mit Dingen befassen, die nicht mit dem Verstand greifbar sind. Wenn es ums Fühlen geht, machen wir sehr schnell unsere Türchen zu. Ich will hier nicht verallgemeinern. Zum Glück habe ich auch in der Schweiz nun schon einige Menschen getroffen, die offen für verschiedene Weltansichten sind. Generell finde ich, dass diesbezüglich eine Veränderung stattfindet. Mehr Menschen öffnen sich, fühlen sich miteinander verbunden, und das ist wunderschön. Aufklärung ist weiterhin nötig, um diese positive Veränderung anzukurbeln.

Wenn du jetzt immer noch mit dem Begriff der Spiritualität haderst, habe ich eine weitere Frage an dich (oder zwei):

Glaubst du an einen Gott? Glaubst du an ein Leben nach dem Tod?

Wenn deine Antwort auf beide Fragen Nein lautet, gut, dann glaubst du an «nichts». Aber du siehst, sogar in diesem Fall glaubst du an etwas. Denn was ist dieses «Nichts»?

Wenn deine Antwort Ja ist, dann habe ich noch eine Frage:

Worin liegt der Unterschied von deinem Glauben zur Spiritualität?

Warum ich dir diese Frage stelle, ist ganz einfach: Du glaubst also an einen Gott, eine Kraft, zu der du möglicherweise betest oder die deinem Leben und dem Tod einen gewissen Sinn verleiht. Vielleicht gehst du auch ab und zu in die Kirche, um an religiösen Zeremonien teilzunehmen. Was ist also der Unterschied? Ob du nun zu Gott, Jesus, Allah oder Buddha betest, ob du mehrere Götter verehrst oder ob du meditierst, um dir selber zu begegnen oder ob du einfach nur an die Kraft der Liebe glaubst: Nach meiner Meinung führt alles zusammen. Wir glauben an eine Macht, die wir nicht sehen, die uns aber irgendeine Hoffnung gibt. Ich wage zu behaupten, dass fast die meisten von uns an eine solche Kraft glauben. Zum einen, weil wir damit etwas haben, was uns

Sinn verleiht und zum anderen, weil wir uns nicht vorstellen können, was nach dem Tod passiert.

Zusatzfrage: Glaubst du nur an das, was du siehst? Lautet deine Antwort ja, dann hier wieder eine Gegenfrage meinerseits: Was ist mit deinen Gefühlen? Siehst du die? Aber sie sind da, stimmts? Nun, damit hat sich für mich diese Frage eigentlich geklärt.

Meine Grosseltern waren gläubig und besuchten oft die Kirche. Als Kind fragte ich meine Grossmutter immer wieder mal, an was sie denn genau glaubt und was Gott ist. Sie antwortete immer dasselbe: Sie glaubt an die Kraft der Liebe und dass wir von dieser Kraft getragen werden. Früher habe ich das nicht ganz verstanden, aber jetzt verstehe ich es. Meine Grossmutter hat die Kraft der Liebe mit jeder Faser ihres Lebens gelebt. Sie hat sich keiner Religion zugeordnet, sondern sich einfach mit der Kraft der Liebe verbunden und diese mit allen Lebewesen geteilt. Ich spüre ihre Liebe heute noch sehr nah bei mir. Meine Mutter hat diese Gabe, so zu lieben, sicher von ihr. Sie haben mir diesbezüglich sehr viel beigebracht. Ich habe die grösste Hochachtung vor meiner Oma und meiner Mutter.

Deshalb, wenn du mich heute fragen würdest, ob ich an Gott glaube: Ja, ich glaube an eine Kraft. Nenn sie Gott, Jesus, Allah, Buddha, Energie, Universum, Liebe. Für mich gibt es nicht die eine Bezeichnung, für mich ist das alles dasselbe. Alles gehört zusammen. Die Göttlichkeit ist überall.

Weisst du, ich kenne beide Seiten. Ich weiss, wie es ist, sich mit Meditation, Atemtechniken und Ähnlichem zu befassen und wie es ist, gefrustet darüber zu sein, dass man nun doch nicht immer so entspannt und ruhig und bei sich oder was auch immer ist, dass man vieles ausprobiert und doch wenig Fortschritte macht. Spiritualiät ist keine Religion, keine Zauberei, die dich heilt. Ja, es gibt auch leider hier - wie überall - Betrüger und Lügner, die dich abzocken (das hat dann aber mit Spiritualität sowieso nichts mehr zu tun). Ich weiss aber auch, wie unglaublich viel es einem geben kann, wenn man sich sinnvoll mit gewissen Praktiken und damit auch zwangsläufig mit sich selber und seinem Dasein befasst. Es geht nicht darum, ständig in anderen Dimensionen herumzuschwirren und stundenlang zu meditieren. Das ist meiner Meinung nach genauso ungesund und unnatürlich, wie wenn man sich gar nicht damit befasst. In beiden Extremen besteht die Gefahr, dass man die Eigenverantwortung abgibt und sagt: Das ist halt so wegen Diesem und Jenem. Hier gilt, wie bei so vielem, *wie* man sich damit befasst und auch darum, ein Gleichgewicht zu finden und das mitzunehmen, was dich als Wesen weiterbringt. Ein Beispiel: Du liegst nachts wach, deine Gedanken kreisen und irgendwie schaffst du es einfach nicht, das Karussel zu stoppen. Kennen wir alle, oder? Nun hast du zwei Möglichkeiten. Entweder du gibst dich dem Gedankenkarussel hin, schläfst schlecht und jammerst vielleicht noch darüber, wie mühsam diese ganze Sache doch ist. Oder du befasst dich damit, wie du lernen kannst, deinen Kopf in solchen Situationen zu besänftigen. Es geht einfach nur darum, nach innen zu schauen. Nicht nur im Aussen nach Lösungen zu suchen, sondern in dich hineinzuhören und mit dir selber in Kontakt zu kommen. Auch wenn ich dieses Wort soeben verwendet habe, einfach ist die Umsetzung nicht. Sie erfordert Arbeit. Von dir. Seelische Gesundheit wird dir nicht eines Tages auf dem Silbertablet serviert. Ich sehe das so: Spiritualität bedeutet am Ende nichts anderes, als dich mit deinem Selbst und deinem Dasein zu befassen. Eine Entdeckungsreise durch den Dschungel deines Wesens sozusagen. Ja, das ist oft anstrengend und manchmal auch beängstigend, und ich bin überzeugt, dass die Menschen, die Spiritualität belächeln, neben Unwissen einfach grosse Angst davor haben, sich selber zu begegnen. Und ich verstehe das. Aber glaub mir eines: Es ist unglaublich befreiend, sich mit sich selbst zu befassen, mit dem Sinn des Lebens. Es ist heilend. Es ist notwendig - und davon bin ich überzeugt - um weiterzukommen im Leben. Um inneres Glück zu erfahren. Um Liebe zu spüren, zu dir und den Menschen. Vera F. Birkenbihl sagte mal: «Der Gegensatz von Liebe ist Furcht oder Angst.» Wenn wir etwas nicht lieben, steckt eine Angst dahinter. Und Angst lässt uns Türen schliessen. Wenn du also noch negative Gedanken zum Thema Spiritualität hast, dann ist meine Frage an dich: Wovor hast du Angst?

Als Kind habe ich ein paar schlechte Erfahrungen mit Gleichaltrigen gemacht, die in christlichen Kreisen aufgewachsen waren. Die Freundschaften zerbrachen, weil ich andere Ansichten hatte. Ich wurde ziemlich grob ausgestossen und abgewiesen. Nach ein paar solchen Erlebnissen hatte ich ein schlechtes Bild vom Christentum. Ich wollte nichts mehr mit Christen zu tun haben und lehnte alles ab, was damit zusammenhing. Es brauchte einige Jahre, bis ich realisierte, dass ich durch die schlechten Erfahrungen nicht Abneigung, sondern Angst vor dem Thema hatte. Erst, als ich erkannte, was die wirklichen Absichten des - ich nenne es jetzt «ursprünglichen» - Christentums sind und dass die Göttlichkeit keine andere Absicht als Liebe hat, konnte ich meine Furcht ablegen. Heutzutage entstehen viele Kriege aufgrund von Menschen, die Religionen in extremis leben oder auslegen. Aber dies hat kaum mehr etwas zu tun mit den ursprünglichen Werten der Religionen. Es geht um Geld und Macht. Wer denkt, dass Esoterik nur Geschwurbel ist - schau mal genau in die Welt. Befass dich mit dem Ursprung der Religionen.

Wir alle sind spirituelle Wesen, ganz gleich, woran wir glauben. Gerade weil wir glauben. Wir kommen gar nicht drumherum, denn wir alle befassen uns mit Geistigkeit, mit Fragen zum Leben, zum Göttlichen. Es geht für mich nicht um Erleuchtung oder einen gewissen spirituellen Stand zu erreichen, denn dann geht es wieder darum «erst wenn ich etwas Bestimmtes gemacht habe, bin ich spirituell.» Persönliche & spirituelle Weiterentwicklung hat kein Ende. Wer hier ein Ziel oder eine Lösung zum Glücklichsein erwartet, wird vermutlich stark enttäuscht werden. Deshalb bleibe ich offen und neugierig. Ich hinterfrage, probiere aus, erfahre, lerne. Und dann nehme ich aus allem das heraus, was für mich stimmt. Ich lerne von anderen, aber glaube nicht alles was andere erzählen; mir ist es wichtig, eigene Erfahrungen zu machen und dann zu beurteilen, was sich für mich richtig anfühlt. Das Wichtigste dabei: Spass zu haben und das Leben und mich selbst zu entdecken. Zu atmen. Zu leben.

Glaub mir eines: Du verpasst so wahnsinnig viel im Leben, wenn du nicht offen bist. Tu dir das nicht an. Probiere aus, erfahre, lerne. Sei offen. Spring rein ins Abenteuer des Lebens. Es ist ein Game Changer.

Liebe

Wir kennen es alle, das wundervolle, schöne, vertraute und manchmal auch so schmerzhafte Gefühl. Mir fällt dieses Kapitel schwerer als andere, obwohl ich so viele Ideen hätte, um das Thema Liebe auf Papier zu bringen. Aber wo fange ich an? Weil über Liebe, darüber muss ich dir nichts sagen. Du weisst, was Liebe ist. Jeder Mensch weiss das. Auch Leute, die sagen, sie kennen keine Liebe, wissen trotzdem, was sie ist.

Dennoch möchte ich dir ein wenig darüber erzählen, wie ich Liebe erlebe und welches Verständnis ich von ihr habe.

Als ich meine Partnerin kennen lernte, erging es mir wie den meisten Menschen. Das Gefühl, jede Sekunde mit dieser einen Person verbringen zu wollen, hüllte mich ein und liess mich in meiner Glückseligkeit schweben. Verliebt sein ist wundervoll. Wir verbrachten viel Zeit miteinander und lernten uns kennen, wie die meisten Paare in der Verliebtheits-Phase. Früher habe ich mich immer etwas über Freunde geärgert, die in dieser Phase kaum noch Platz für etwas anderes in ihrem Leben hatten. Ich verstehe nun selber, wie man von diesem Sog der Verliebtheit mitgezogen werden kann. Obwohl ich an dieser Stelle behaupte, mich immer darum bemüht zu haben, meine Freunde nicht zu vernachlässigen. Aber man lebt halt irgendwie für einen Moment auf einem anderen Planeten. Was sich vielleicht viele Paare wieder zurücksehnen - das Kribbeln, die Aufregung, die Überwältigung - ist für mich erst der Anfang von Liebe. Die Kinder in der Tagesbetreuung fragen mich ab und zu, ob ich verliebt sei, dann antworte ich immer mit ja. Aber das eigentliche Gefühl ist nicht Verliebtheit, sondern Liebe. Liebe ist für mich so etwas wie eine Pflanze, sie braucht Zeit, um zu wachsen und zu gedeihen. Wenn die Pflanze blüht, erkennt man immer mehr Schönheiten an ihr. Vielleicht bemerkt man auch ein paar Flecken und Schrammen, die aber die Pflanze erst zu dem machen, was sie ist.

Eigentlich wollte ich nicht so kitischig werden. Aber ich finde, das Beispiel mit der Pflanze beschreibt treffend, was ich unter Liebe verstehe.

Wenn wir an Liebe denken, gilt unser erster Gedanke oft der Beziehung. Die allermeisten Menschen wünschen sich eine harmonische Partnerschaft (in welcher Form auch immer). Unser Leben dreht sich täglich um Beziehungen. Wir alle wollen geliebt, verstanden und anerkannt werden, wir sehnen uns nach Menschen, bei denen wir uns geborgen fühlen. Wir leiden, wenn wir das Gefühl haben, abgewiesen zu werden oder keine Liebe zu erhalten. Liebe und Leid sind nahe beieinander. Aber oft erschaffen wir uns mit diesen Gefühlen selber ein Paradox, indem wir uns nach dem Gefühl des geliebt werdens sehnen und dies aber von einer anderen Person abhängig machen. «Liebe mich, denn ich kann es nicht.» Das ist in meinen Augen bereits das Ende einer Beziehung, sei sie auf intimer oder freundschaftlicher Ebene. Wenn du die Liebe nur im Aussen, beziehungsweise in einem anderen Menschen zu finden glaubst, wirst du garantiert enttäuscht werden. Fehlt die Selbstliebe, steckst du all deine Erwartungen in Andere. Was du dir nicht zu geben können glaubst, sollen dir Andere geben. So erschaffen wir einerseits Leid, weil uns das Gefühl der Liebe fehlt, die wir uns selber nicht geben können, andererseits binden wir die Liebe an Erwartungen und warten auf unsere bessere Hälfte, die uns «rettet».

Das klingt dir vielleicht zu dramatisch. Aber glaub mir, ich habe selber lange gelitten, weil ich mich nach Liebe sehnte und sie mir selber nicht gegeben hatte. Selbstliebe wird oft belächelt. Wieder so ein spiritueller Input mit Glückskeksspruch-Feeling. Wenn du so denkst, dann hast du mich nicht verstanden. Erst wenn du lernst, dich selber anzunehmen, wirst du emotional unabhängiger von anderen Menschen. Ich habe oft miterlebt, wie sich Menschen in Beziehungen stürzten, die dann schlussendlich aus ähnlichen Gründen in die Brüche gingen. Am Anfang waren sie super glücklich und schwärmten von den tollen Eigenschaften ihres Partners. Dann holte sie langsam die Realität ein und die weniger tollen Merkmale ihrer besseren Hälfte wurden auch sichtbar. Bis es dann zum Ende der Beziehung kam, weil «Er/Sie XY nicht gemacht hat» oder «nur an sich gedacht hat». Fehlt uns die Selbstliebe, erwarten wir von Anderen, diese Lücke zu füllen. Wenn diese Erwartungen nicht befriedigt werden, sind wir enttäuscht und laufen Gefahr, die Schuld beim Gegenüber zu suchen.

Je älter ich werde, desto mehr spüre ich die Liebe in der und für die Welt. Einige würden sagen, dass sie mit zunehmendem Alter mehr Grausamkeiten als Liebe wahrnehmen. Ja, es gibt viel Leid auf der Erde, das will ich gar nicht abstreiten. Aber so meine ich das nicht, es hat wahrscheinlich mehr mit einem achtsamen Lebensstil zu tun. Ich erfreue mich an den Schönheiten der Natur und die von anderen Menschen. Oft fühle ich mich wieder wie ein Kind, dass sich an Blumen und Pfützen erfreut. Es klingt vielleicht naiv, aber ich entscheide mich halt einfach für das Gute, für die Liebe. Ja, es gibt Unmengen an Scheisse auf dieser Welt. Aber statt mir ständig Gedanken darüber zu machen, was alles nicht gut ist, versuche ich lieber, mit meiner Liebe ein wenig Licht zu geben. Das heisst nicht, dass ich bestehendes Leid verleugne. Aber ich habe keine Lust, eine verbitterte alte Frau zu werden, denn was bringt mir das? Was bringt das irgendjemandem? Uns allen widerfährt Leid im Leben. Auch ich habe immer wieder durch gewissen Dreck gehen müssen. Niemand von uns ist sicher vor Trauer, Wut, Angst und Schmerzen. Diese Gefühle gehören zum Leben. Aber genau deshalb habe ich mich immer mehr und mehr dazu entschieden, meinen Fokus auf die Liebe und nicht auf das Leid zu richten. Weil mir mit der Zeit immer klarer wurde, wie wichtig die Liebe im Leben ist.

So wie eine kleine Kerze einen grossen dunklen Raum er-
hellen kann, hat die Liebe so viel Kraft, um Gutes zu be-
wirken. Du entscheidest. Ich entscheide mich ganz klar
für die Liebe.

All die kleinen Dinge

Was ist denn nun die Quintessenz dieser Themen, die ich angesprochen habe? Was ist das Wesentliche von all diesen kleinen Dingen? Was ist die Essenz meines Lebens? Kann ich diese überhaupt mit meinen dreissig Jahren bereits nennen?

Ich könnte die Reise hier fortführen, in die Fragen eintauchen und dieses Buch wahrscheinlich ewig weiterschreiben. Aber sowohl du wie auch ich haben noch andere Dinge vor im Leben, deshalb versuche ich mich hier an einem Ende. Jedenfalls möchte ich dir auf die Frage, ob ich in meinem jungen Alter bereits das Wesentliche des Lebens beurteilen kann, eine Antwort geben können: Ja, das kann ich. Zumindest bis genau zu diesem Zeitpunkt, zu diesem Moment, in dem ich existiere. Ich habe Erfahrungen gemacht, mich entwickelt und fortlaufend Dinge gelernt, die mich zu dem machen, was ich jetzt bin. Das ist für mich die Essenz: Das Leben zu leben und vor allem, mich für ein gutes Leben zu entscheiden. Auf mich zu hören, meine Wünsche in Pläne umzusetzen und nicht am Ende meiner Tage dazuliegen und voller Reue zu gehen. Ich meine damit nicht, dass du keine falschen Entscheidungen treffen (das ist sowieso unvermeidbar) und immer glücklich grinsend durch die Welt tanzen sollst. Ich meine damit, dass du das Leben mit all seinen Facetten wahrnimmst. Hochs und Tiefs gehören zusammen wie Licht und Schatten. Was für dich genau die Quintessenz *deines* Lebens ist, das kann ich dir natürlich nicht beantworten. Die absolute Wahrheit existiert nicht. Jeder hat sein eigenes Weltbild und seine Meinungen. Ich habe dir mit diesem Buch lediglich einen Einblick in meine Gedanken und meine Welt gegeben, um dir zu zeigen, was in einem Leben von Bedeutung sein kann und was alles möglich ist, wenn du anfängst, nach deinem Sinn zu suchen und danach zu leben. Jeder kann das, dafür sind wir hier. Meine Meinung.

Wir haben uns dieses Leben nicht ausgesucht. Niemand hat uns gefragt, ob wir hier sein wollen. Aber wir sind hier. Du wurdest erschaffen, um genauso zu sein, wie du bist. Was du aus dieser Zeit mit dir machst, liegt jedoch ganz allein in deinen Händen.

Ich habe erkannt, dass ich die Macht über mich selber haben muss, um die Essenz meines Lebens leben zu können. Ich habe gelernt, die Verantwortung für mich selber zu übernehmen. Ich habe gelernt, dass Verantwortung für sich selber auch heisst, Verbindungen mit anderen Menschen einzugehen. Ich habe gelernt, Licht und Schatten in meinem Leben nicht zu bewerten, sondern anzunehmen als das, was sie sind. Ich habe gelernt, auf die Stimme meiner Seele zu hören (jedenfalls teilweise, denn das ist eine wirkliche Knacknuss). Ich lerne immer noch, all die kleinen Dinge um mich herum wahrzunehmen und durch sie das grosse Ganze zu verstehen. Und auch ich habe manchmal keine Lust, mich weiterzuentwickeln oder meine Träume anzugehen. Manchmal brauche ich eine Pause, um einfach zu sein, ohne über den Sinn nachzudenken. Aber ich werde weiter lernen, auch aus solchen Momenten. Die Quintessenz meines Lebens ist wandelbar und verändert sich im Laufe meines Lebens. Vielleicht werde ich in dreissig Jahren eine völlig andere Sicht auf das Wesentliche haben. Wer weiss.

Was du für dich davon mitnimmst, kannst nur du entscheiden. Das Leben ist ein Zusammenspiel von allem in uns und von allem um uns herum. Von all den kleinen Dingen eben.

«Nicht dein Glück macht
dich dankbar, sondern
Dankbarkeit glücklich.»

SEOM

Dank

Ich bin so voller Dankbarkeit, dass ich platzen könnte! Mein erstes Buch ist fertig. Wow. Es gibt viele Menschen, denen ich an dieser Stelle einzeln danken könnte. Aber wenn wir ehrlich sind: Wer liest schon die Danksagungen in Büchern?

Deshalb halte ich mich kurz und danke allen Menschen, die mich auf meinem Lebensweg begleiten und begleitet haben. Ihr habt alle auf eine Art dazu beigetragen, dass ich dieses Buch geschrieben habe. Und ihr tragt zu meiner Lebensessenz bei, jeden Tag. Meiner Gefährtin möchte ich besonders danken, sie hat mir bei der Überarbeitung des Buches sehr geholfen und mich in meinen Schreibphasen bekocht. Zu guter Letzt danke ich dem Leben und mir selbst. Ich freue mich auf jedes weitere Abenteuer.

Danke!